“大运河人物故事”丛书

丛书主编 张廷皓

鸿沟水系开凿者

魏罃

武 强 著

南京出版传媒集团 南京出版社

图书在版编目（CIP）数据

鸿沟水系开凿者——魏罃 / 武强著. -- 南京：南京出版社, 2025. 3. -- (“大运河人物故事”丛书).

ISBN 978-7-5533-5154-4

Ⅰ. K827=26

中国国家版本馆CIP数据核字第2025BL5508号

丛 书 名　大运河人物故事
丛书主编　张廷皓
书　　名　鸿沟水系开凿者——魏罃
作　　者　武　强
出版发行　南京出版传媒集团
　　　　　南 京 出 版 社
社　　址　南京市玄武区太平门街53号
邮　　编　210016
联系电话　025-83283873、83283864（营销）　025-83112257（编务）

策划统筹　卢海鸣　徐　智
责任编辑　王晓晨
装帧设计　王　俊　张　淼
责任印制　杨福彬

排　　版　南京新华丰制版有限公司
印　　刷　江苏扬中印刷有限公司
开　　本　787毫米×1092毫米　1/32
印　　张　3.125
字　　数　50千
版　　次　2025年3月第1版
印　　次　2025年3月第1次印刷
书　　号　ISBN 978-7-5533-5154-4
定　　价　15.00元

总 序

大运河是中国人民的伟大创造。这条始建于公元前486年的人工水道，作为中国历史上贯穿南北的大动脉，集漕粮运输、商旅交通、军资调配、水利灌溉等功能于一身，不但加强了全国各地区间的政治、经济联系和文化交流，维护了多民族大一统国家的稳定和发展，而且使北方的丝绸之路和南方的海上丝绸之路在古老大陆的东方形成了闭环，因而具有世界意义。时至今日，大运河沿岸遍布城镇、码头、仓库、船闸、桥梁、堤坝等各类遗存，构成了中国乃至世界范围内罕见的线性文化带，并成功地在2014年6月22日第38届世界遗产大会上入选《世界遗产名录》。2017年6月，习近平总书记对建设大运河文化带作出重要指示，指出“大运河是祖先留给我们的宝贵遗产，是流动的文化，要统筹保护好、传承好、利用好”。2019年2月，中共中央办公厅、国务院办公厅联合印发《大运河文化保护传承利用规划纲要》，就进一步保护好、传承好、利用好大运河沿线的丰富文化遗产提出了明确要求。

回顾大运河萌芽、发展和演变的过程，诸如国家政策、政治形势、军事需要、地理环境等，虽然也都会对其历史变迁产生一定程度的影响，但从根本上来看，“人”的作用往往显得更为重要。千百年来，大运河的规划者、开凿者、建设者、管理者、治理者，以及其他与大运河有关的各类人物，凭借着不拘一格的思考方式、与时俱进的思维理念、突破常规的制度创新、因地制宜的技术方法革新，比较圆满地解决了大运河形成过程中所遇到的自然、运输和管理等一系列问题，实现了大运河从地区性到整体性、临时性到制度性、零散性到系统性的质变。这些大运河历史上涌现出的杰出人物，作为创造、改变和塑造大运河的主体和关键，其思想观念中闪烁着的智慧光芒，和一言一行中表现出的担当作为，不仅是大运河历史上无比珍贵的宝藏，同时也是彰显和传播中华民族灿烂文明的重要文化遗产，值得我们进一步挖掘和弘扬。

与蔚为大观的河道变迁、漕运制度、城镇商业、文化风俗等成果相比，有关大运河人物的研究相对薄弱。为了展现大运河深厚而丰富的文化内涵，传承和弘扬中华优秀传统文化，南京出版传媒集团（南京出版社）决定推出一套“大运河人物故事”丛书。这套面向广大青少年读者的普及性读物，精选历代与大运河有关的著名人物，时间上从春秋战国直至民国时期，空间上则覆盖隋唐大运河、京杭大运河和浙东运河。每册均邀请学有专长的作者撰写，力图在准确把握史实的基础上，用生动活泼的语言文字，引人入胜的故事情节，丰富多彩的知识拓展，刻画每一位大运河人物的主要经历，涉及凿河规划、水利建设、漕运管理、治运思想与实践、研究著述以及后世影响等，在折射大运河变迁轨迹的同时，充分展现出这些人物与大运河的密切关系，以及对大运河的变迁所发挥的作用。

青少年是国家的未来和民族的希望，肩负着实现中华民族伟大复兴、建设社会主义现代化强国的历史重任。近年来，南京出版传媒集团（南京出版社）先后推出了“抵御外侮——中华英豪传奇”“抗战十四年·中华儿女传奇”等多套青少年读物，在培养青少年爱国主义精神、培育和践行社会主义核心价值观等方面，起到了十分积极的作用。衷心希望“大运河人物故事”丛书能成为广大青少年认识和了解大运河历史文化的良师益友，在深化他们对大运河文化内涵认知的同时，展现中华民族的聪明才智和中华文明的灿烂辉煌，为他们的健康成长树立文化自信，使之成为将来建设国家的栋梁之材。

（作者系中国文物学会大运河专业委员会主任委员、中国文化遗产研究院原院长）

目　录

引　言 …………………………………………… 001

第一章　魏国世系中的魏罃

“三家分晋”与魏国的兴起………………… 004

魏罃时期的治与乱…………………………… 013

第二章　魏国的迁都

从“秦晋之好”到“河西”之争………… 022

魏国迁都大梁的历史………………………… 032

第三章　鸿沟的开凿

魏国国都大梁的修筑………………………… 040

鸿沟水系的开凿完成………………………… 044

“八朝古都”开封与鸿沟水系…………………… 056

第四章　鸿沟水系的完善与演变

鸿沟的水运、水利价值…………………………… 063

鸿沟水系的维护与完善…………………………… 070

第五章　魏罃与鸿沟水系

魏罃的功过与历史评价…………………………… 078

“楚河汉界”——以鸿沟为界……………………… 083

大变革背景下的魏罃与鸿沟水系………………… 085

参考文献 …………………………………………… 089

引　言

大运河是中国古代社会的大动脉，凝结着我国古代劳动人民的智慧和汗水。我国修建大运河的历史最早可追溯至大禹时代，《孟子·滕文公上》记载："当尧之时，天下犹未平，洪水横流，泛滥于天下，草木畅茂，禽兽繁殖，五谷不登，禽兽逼人，兽蹄鸟迹之道，交于中国。尧独忧之，举舜而敷治……禹疏九河，瀹济、漯而注诸海，决汝、汉，排淮、泗而注之江，然后中国可得而食也。"相传大洪水时代，黄河流域泛滥成灾，百姓深受其害，大禹到黄河中下游地区疏浚河道，平息水患。水利工程的修建伴随社会生产力的发展而兴盛，著名的水利工程先后修建，如芍坡、邗沟、智伯渠、引漳十二渠、鸿沟、都江堰、郑国渠等。其中鸿沟是中国历史上第一条沟通黄河、淮河的人工大运河。战国时期，魏国国主魏惠王魏罃迁都大梁，魏惠王因此又被称作"梁惠王"。魏惠王在大禹留下的水道基础上，多次开凿鸿沟，形成了著名的鸿沟水系。

魏国的国运与鸿沟紧紧联系在一起，成也鸿沟，败也鸿沟。作为大运河的开创者，魏惠王在大梁将魏国霸业推至顶峰。直到战国末年，秦军决鸿沟之水，淹没了大梁城，结束了魏国的统治，魏国自此湮灭史海。秦统一六国之后，魏惠王和魏国的霸权已经折戟沉沙，但鸿沟水系仍然在为当地的人民造福。秦汉时，鸿沟依旧被沿用，发挥着重要的水运通航、水利灌溉等多方面的作用，促进了中原地区与淮河流域、长江流域等不同区域之间政治、经济、文化交流与沟通，推动了我国大一统国家的形成和民族观念的产生。

西汉武帝之后，由于黄河不断地泛滥与改道，对鸿沟水系造成了极大的影响，虽然在东汉王景治河之后，黄河不再出现决溢泛滥的情况，但经过了近三百年的演变，鸿沟水系的通航功能基本丧失，部分航道甚至早已被黄沙淤埋，鸿沟的诸多支流也几经更名，难寻故迹。经过了隋唐时期的再次整饬和开凿之后，鸿沟水系以“通济渠”的名称成为隋唐大运河水系的重要组成部分，影响了隋唐大一统帝国的发展方向。北宋时期，鸿沟水系又以“汴河”等名称，承担起了中原与江南地区的经济与文化交流，直到元代重新修筑京杭大运河，鸿沟水系又因黄河南流改道，河道被黄河侵占，才最终完全消失。

鸿沟水系作为中国中原地区自春秋战国以来的主要运河体系，自魏惠王从安邑迁都大梁之后开挖，为之后千余年中原王朝的发展提供了强大的运输基础设施的保障，虽然没有延续到当代，但在魏惠王的主导之下，鸿沟体系所蕴含的中华民族顽强不屈、人定胜天的拼搏精神仍影响至今。本书即以魏惠王魏罃开凿鸿沟的历史为主要内容，讲述自春秋战国以至唐宋时期，鸿沟水系变迁的这一段历史。

第一章　魏国世系中的魏罃

“三家分晋”与魏国的兴起

公元前770年，周平王姬宜臼为躲避犬戎的威胁，将国都自镐京（今陕西西安长安区西北）东迁洛邑（今河南洛阳洛水北、瀍水东），中国历史进入了春秋时期。由于周王室衰微，原本用以支撑周朝政治体系的宗法制与分封制也逐渐失去了向心力，各诸侯国纷纷崛起，凭借着周天子仅剩的权威，打出“尊王攘夷”的口号，逐鹿中原，中原地区先后经历了“春秋五霸”等各诸侯国的争霸阶段。历史进入战国时期之后，由周王朝分封的数百个诸侯国，经过兼并战争，仅留下了一些比较强大的诸侯国，相互之间不断攻伐，战争频仍也就成为战国最显著的特点；同时，各诸侯国为更好地保证自己在兼并战争中的生存，大力发展经济，提升社会生产力，尤其表现为各种先进生产工具的大范围推广，如铁制农具、铁制武器等。战国时期，各诸侯国的君主们往往也表现出了锐意革新的精神，奴隶制度一步步在瓦解，分裂的局面逐渐出现了统一的趋势。

小贴士：平王东迁

西周幽王任用虢石父为卿，剥削严重，又因遭地震与旱灾，人民流离失所。幽王宠爱褒姒，立以为后，以褒姒子伯服为太子，废申后和太子宜臼。申侯（申后之父）反对。周幽王十一年（前771），申侯联合缯、犬戎攻周，幽王出逃，被犬戎杀于骊山（今陕西临潼东南）之下，西周亡。申、鲁、许等诸侯立宜臼于申（今河南南阳），是为周平王。次年，镐京残破，又受犬戎威胁，由晋、郑、秦等诸侯护送，平王东迁洛邑，依靠晋、郑两国夹辅立国，史称“东周”。

晋国为周朝的诸侯国之一，姬姓。根据《汉书·地理志》的记载，周成王时期，西周军队灭掉了原本在山西地区的唐国，并将周成王的弟弟叔虞分封于此，国号为“晋”，晋国的初代国君就是周成王之弟姬虞。

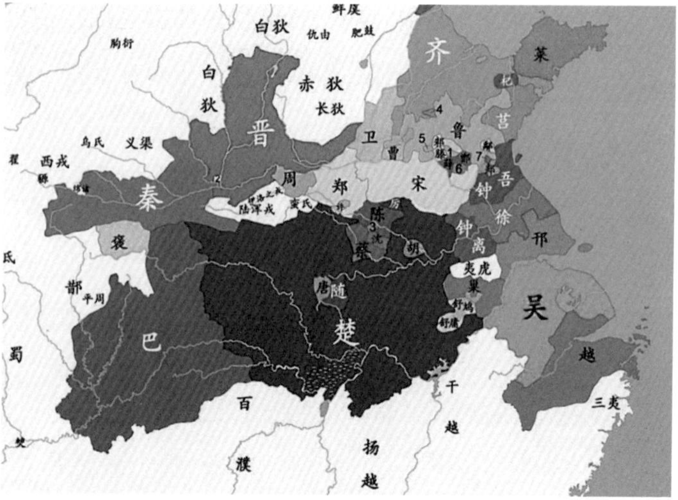

晋国疆域图

晋国位于临汾盆地的东侧，三面环山，军事地理位置十分优越，可避免外族侵扰，外有黄河，内有太行山，进可攻，退可守。晋国在晋献公时期逐渐崛起，积极进行对外战争，先后灭掉耿、霍、魏等十二个小国，国家疆域得到很大的扩张。

晋国全盛时期疆域曾跨越现在的河北、河南、山西、陕西和山东五省，国力强大，春秋时期独霸中原。所谓盛极必衰，晋国中后期，公室逐渐衰微。献公时大肆剪除旁族、任用异姓贵族的弊端逐渐显现，晋献公灭公族后，发展壮大的异姓公族势力膨胀，族权斗争激烈，新晋贵族经历多年发展逐渐强盛。晋平公时期，晋国国君大权旁落，逐渐形成六卿专政的局面。这六家分别为范氏、中行氏、智氏、韩氏、赵氏、魏氏。起初六家势力相当，互相制衡，轮流执政，随着六家内部互相兼并、攻伐，范氏、中行氏被灭，仅余四家。韩、赵、魏三家灭智氏后，晋国国君名存实亡，国土为三家瓜分。公元前403年，韩、赵、魏在周威烈王的承认下成为

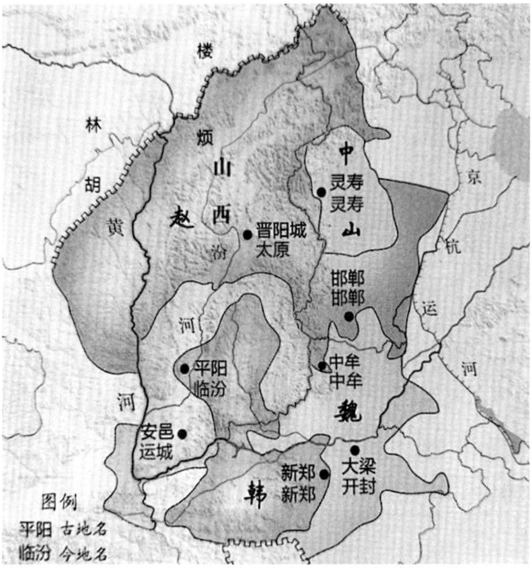

三家分晋略图

诸侯，史称“三家分晋”。

三家分晋之初，魏国都城设在安邑，占据晋国的河东、河内地区，为晋国最富庶、最核心的地区，三晋之中魏国最强。第一任国君魏文侯极具才干，招揽能臣，如李悝、吴起、西门豹、乐羊等，人才济济，首开布衣将相之局。《史记·魏世家》载：“秦尝欲伐魏，或曰：‘魏君贤人是礼，国人称仁，上下和合，未可图也。’文侯由此得誉于诸侯。”

魏文侯（《三晋历史名人图》）

魏文侯“师子夏，友田子方，敬段干木”，任用贤良进行政治、经济、军事改革。政治上任用李悝变法，废除世卿世禄制；经济上“尽地力之教”，大力发展农业，后来秦国的商鞅变法、吴起于楚国变法皆基于此。李悝改革刑律，作《法经》，影响深远，后世历朝历代制定法律皆以此为蓝本。吴起在魏国曾进行军事改革，实行武卒制，严格挑选士兵，训练严苛，军风剽悍，战斗力极强，魏国军事力量大大增强。

小贴士：魏武卒

魏文侯在位期间，任用吴起为河西守将，进行军事改革，训练了令天下谈之色变的魏武卒。魏武卒装备精良，皆以重装步兵为主。《荀子·议兵篇》载："魏之武卒，以度取之，衣三属之甲，操十二石之弩，负矢五十个，置戈其上，冠胄带剑，赢三日之粮，日中而趋百里。中试则复其户，利其田宅。"魏武卒都是强悍的"特种兵"，战斗力在各诸侯国中首屈一指。周安王十三年（前389）的阴晋之战，吴起以五万魏军，击败了十倍于己的秦军，创造了中国战争史上以少胜多的著名战役。

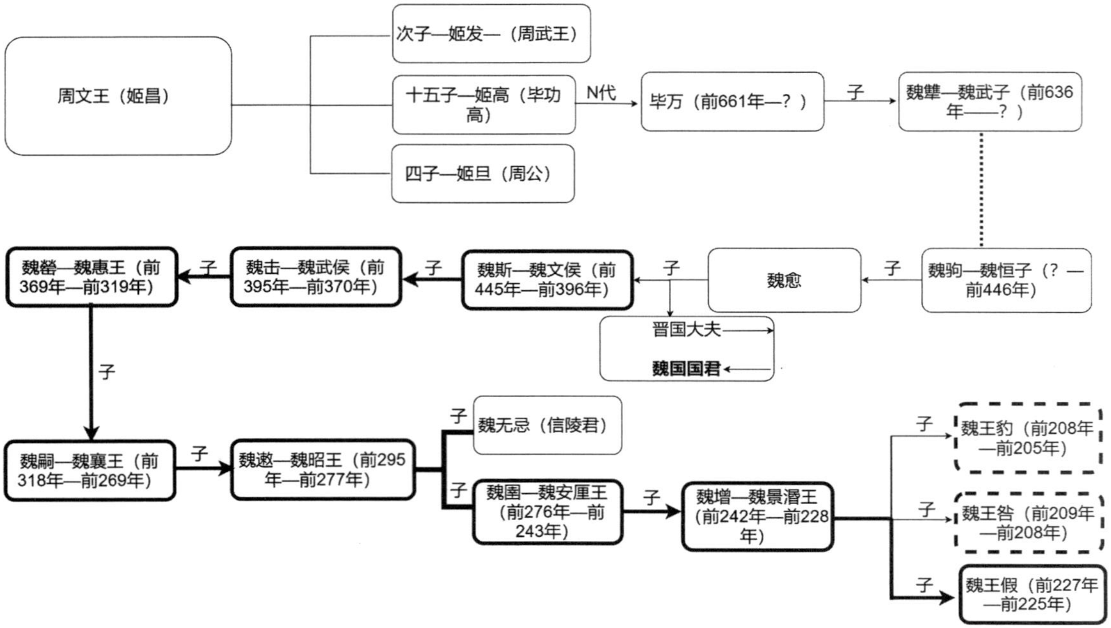
周文王（姬昌）
次子—姬发—（周武王）
十五子—姬高（毕功高）
四子—姬旦（周公）
N代
毕万（前661年—？）
子
魏犨—魏武子（前636年——？）
魏驹—魏恒子（？—前446年）
子
魏愈
子
晋国大夫
魏国国君
魏斯—魏文侯（前445年—前396年）
子
魏击—魏武侯（前395年—前370年）
子
魏罃—魏惠王（前369年—前319年）
子
魏嗣—魏襄王（前318年—前269年）
子
魏遬—魏昭王（前295年—前277年）
子
魏无忌（信陵君）
子
魏圉—魏安厘王（前276年—前243年）
子
魏增—魏景湣王（前242年—前228年）
子
魏王豹（前208年—前205年）
子
魏王咎（前209年—前208年）
子
魏王假（前227年—前225年）

魏国国君世系表

战国时期，魏国已经形成了专制主义的王权。魏国国君虽然从旧晋手中夺得了政权，但是旧晋政权被权臣所夺的惨烈事件，在各诸侯国国君的心中留下了深深的阴影。如何杜绝权臣，不让自己的政权消亡，成为魏国国君需要考虑的重要问题。在这个方面做出最大成就的是魏文侯，他在位时期推行了各种政策，任用李悝进行改革，大大地削弱了世袭大族的特权，加强了国君的专制权力。

小贴士：李悝（音 kuī）变法

魏文侯当政时，任用李悝为相，进行变法改革。李悝在政治上，主张废止世袭贵族特权，选贤任能，赏罚严明；经济上，主要实行尽地力、平籴法，极大地促进了魏国农业生产的发展，魏国因此而富强。李悝为了进一步实行变法，巩固变法成果，便汇集各国刑典，著成《法经》一书，以法律的形式肯定和保护变法，固定封建法权。李悝在魏国的变法，是中国变法之始，在中国历史上产生了深远的影响。后来著名的商鞅变法、吴起变法等，无不受到李悝变法的影响。

魏国通过建立上计制度、玺印制度，加强了封建法制建设，并通过发展经济等一系列措施，为鸿沟的修建提供了坚实的物质基础和较为高效的行政支撑。由此，魏国才得以涌现出西门豹这一类德才兼备的典型人物，并修成了如此规模庞大的工程，同时也对完善封建制度起到了重要的作用。

到魏武侯时，魏国依旧处于强盛时期。魏武侯颇具才干，但心胸狭隘、缺少远见、任人唯亲，远不如文侯知人善用，甚至迫害能臣，如迫使吴起出走楚国，导致魏国人才出现流失。

魏惠王魏罃继位后，凭借魏文侯、魏武侯时期的积淀，魏国已具备争霸诸侯的实力，为更方便地经营中原，同时避免与秦国的直接交锋，魏惠王决定迁都大梁，并修建了恩泽后代的人工大运河——鸿沟。在争夺中原的过程中，魏国对河西地区控制力逐渐变弱。魏惠王三十年（前340），秦、魏发生河西之战，魏军大败。魏惠王后元五年（前330），在雕阴之战中魏军惨败；次年（前329），被迫将河西地区割让给秦国。魏国接连败给秦、齐、楚等国，彻底失去霸主地位，走向没落。

魏罃时期的治与乱

魏惠王魏罃为人确有贤能，在他的治理下，魏国国家强盛，军事实力雄厚，在与赵、齐、秦、楚四国的多年战争下，仍能将魏国霸业推向高潮。魏惠王采取了多个方面的措施维持魏国的霸权：

第一，在公元前361年将国都从安邑迁到大梁。当时魏国的领土主要在今山西西南部的河东和河南北部，国土东西两部呈葫芦形。安邑在魏国西部，距东方较远，需经上党（山西东南部古地名，即今天的晋中市东南部的榆社、左权一带和长治、晋城两市。上党地势高险，自古为战略要地，春秋属晋，战国属韩，后属赵。秦始皇嬴政划中国为36郡，置上党郡，治所位于今长子县）通到东部，如若上党被切断，则东西隔绝，安邑孤悬河东，处于韩赵秦三国的包围之中。关于魏惠王迁都原因，有“畏秦说”和“争霸说”两个主流观点。学者刘心健结合魏惠王迁都大梁后的一系列争霸行为和积极的开拓政策，认为魏惠王迁都大梁是为了加强对东方国土的控制，深入中原以谋求霸主地位。

第二，对内兴修水利，发展农业生产。

第三，对外采取修复与韩赵关系的方针。公元前361年，魏惠王把原来攻占赵国的榆次、阳邑交还赵国，以求得与赵国和好。魏惠王后元十年（前358），魏惠王和韩威王巫沙结盟。

第四，落实选拔“武卒”的制度。

第五，加强防备和控制交通。公元前359年，魏与韩交换部分土地，打通了太行山的交通线。魏惠王在大梁以西建筑的长城，在秦国进攻中原时，曾作为维护中原地区的西部屏障。

魏惠王采取了以上符合国情与实际的措施，魏国国力得以加强。但魏惠王为人性格张扬、骄矜自傲，导致魏国后期人才流失严重，魏国逐渐衰落。魏惠王问礼于孟子时，曾感叹道：“魏国，天下莫强焉，叟之所知也。及寡人之身，东败于齐，长子死焉；西丧地于秦七百里；南辱于楚；寡人耻之，愿比死者一洒之，如之何则可？”

魏文侯与魏惠王在对待人才上有鲜明的对比。魏文侯在位时，礼重人才，有识之士纷纷前往魏国，安邑一度成为人才聚集中心，孔子弟子子夏，《法经》的编撰者李悝，名将乐羊、吴起，治水名臣西门豹等人皆效力于魏文侯。武侯善战，用人唯亲，导致部分人才流失。魏惠王更自恃魏国人才众多而不惜才善用，人才竞相奔走他国，造成了后期魏国无人可用，而秦国将领中不乏魏国人的荒唐局面。

公叔痤是魏国之相，他手下的中庶子卫鞅很有才

小贴士：惠王比宝

《史记·田敬仲完世家》记载了惠王比宝的故事。魏惠王与齐威王曾一同外出狩猎，惠王问威王："王亦有宝乎？"威王曰："无有。"梁王曰："若寡人国小也，尚有径寸之珠照车前后各十二乘者十枚，奈何以万乘之国而无宝乎？"威王曰："寡人之所以为宝与王异。吾臣有檀子者，使守南城，则楚人不敢为寇东取，泗上十二诸侯皆来朝。吾臣有盼子者，使守高唐，则赵人不敢东渔于河。吾吏有黔夫者，使守徐州，则燕人祭北门，赵人祭西门，徙而从者七千余家。吾臣有种首者，使备盗贼，则道不拾遗。将以照千里，岂特十二乘哉！"二位国君的见解立见高下。齐威王眼中的宝物是贤人异士，魏惠王眼中的宝物仅仅是照明的"径寸之珠"！

能，公叔痤欲将卫鞅推荐给魏惠王，但未及推荐他就病卧床榻了。《史记·商君列传》《资治通鉴·周纪二》《战国策·魏一》《吕氏春秋·仲冬季·长见》中都有对他的记载，公叔痤病重时，魏惠王前去看望，他问公叔痤：“万一相国一病不起，我将把国政托付给谁呢？”公叔痤回答：“我的中庶子卫鞅，年纪虽轻，却有奇才，希望大王把国事全托于他。”见惠王默然无言，公叔痤遣退侍臣，单独对惠王说：“大王倘不任用卫鞅，就一定要杀掉他，不要让他出境，为别国所用。”惠王许诺离去。公叔痤又召来卫鞅，抱歉地说道：“大王询问国相的继任人，我推荐了你，看大王的神色并不同意。我先君而后臣，当时对大王说如果不能用你，就应把你杀掉，大王答应了我。你应该赶快离开，免遭擒杀。”卫鞅回答说：“大王既然不能采纳您的意见任用我，又怎么能采纳您的意见杀掉我呢？”于是没有离开。惠王离开公叔痤病榻后对身边人说：“公叔痤的病情很重，他竟然要我把国政交给卫鞅，后又劝我杀掉卫鞅，真是太糊涂啦！”惠王果然没有考虑公叔痤的意见。公叔痤死后，卫鞅听说秦孝公下令招贤，于是西入栎阳，被秦国任用，封于商地，是为商鞅，之后鼓动秦王发动了数次对魏战争，不仅直接导致魏国霸权的丧失，更是对魏国最后被灭亡的命运产生了极大的影响。

魏国陷入困境时，魏惠王曾希望将王位禅让给惠子。惠子为名家代表人物，与庄子为至交，惠子与庄子曾发生著名的“濠梁之辩”。《吕氏春秋》载：“魏惠王谓惠子曰：‘上世之有国，必贤者也。今寡人实不若先生，愿得传国。’惠子辞。王又固请曰：‘寡人莫有之国于此者也，而传之贤者，民之贪争之心止矣。欲先生之以此听寡人也。’”惠子并未接受。魏惠王对惠子十分器重，并委以重任。惠子曾在魏国定制法律，《吕氏春秋》载：“惠子为魏惠王为法。为法已成，以示诸民人，民人皆善之。献之惠王，惠王善之，以示翟翦。翟翦曰：‘善也。’惠王曰：‘可行邪？’翟翦曰：‘不可。’惠王曰：‘善而不可行，何故？’翟翦对曰：‘今举大木者，前呼舆謣，后亦应之。此其于举大木者善矣，岂无郑、卫之音哉？然不若此其宜也。夫国亦木之大者也。’”文中可见惠子施政深受下层百姓拥护。但惠子与张仪政见不合，被迫离开魏国，魏惠王去世后，张仪离开魏国，惠子再次重返魏国为相。《吕氏春秋》对惠子评价极差，甚至把惠子比作“蝗螟”，将魏国衰落的原因归咎于惠子。而事实应该是魏国国策的失当导致了魏国的衰亡。魏国在魏惠王时期成为战国第一个称霸的国家，国力强悍，诸侯臣服，仅短短三代之后，却迅速衰落，其中缘由，发人深思。魏国史学者李玉洁教授在《魏国史》中认为，“人才的流失、盟国关系的破坏，和梁惠王张扬狂妄的性格”，是魏国衰落的重要原因，其中魏惠王的性格正是导致国内人才流失、与盟国关系不断恶化的最重要影响因素之一。

魏国在魏惠王统治期间由盛转衰，其原因是多重的，除了魏惠王缺乏人才意识以外，还有以下多个方面的综合性原因。

第一，是三晋的貌合神离。

魏国初期的霸业，以三晋联合为基本盘，虽然在韩魏赵三家分晋之后，各国相对独立发展，但在面对秦、齐、楚等其他诸侯国的左右包围下，经常也会采取联合的方式对抗强国。

《资治通鉴》的开篇，就描写了魏赵韩三氏联合，共同歼灭晋国最强氏族智氏的故事。魏国的先祖魏桓子是晋国执政之一，当时智伯带领韩、魏围赵，并准备灭赵。“赵襄子使张孟谈潜出见二子，曰：‘臣闻唇亡则齿寒。今智伯帅韩、魏而攻赵，赵亡则韩、魏为之次矣。’二子曰：‘我心知其然也，恐事未遂而谋泄，则祸立至矣。’张孟谈曰：‘谋出二主之口，入臣之耳，何伤也？’二子乃阴与张孟谈约，为之期日而遣之。襄子夜使人杀守堤之吏，而决水灌智伯军。智伯军救水而乱，韩、魏翼而击之，襄子将卒犯其前，大败智伯之众。遂杀智伯，尽灭智氏之族。”在三家分晋之后的初期，凭借魏文侯的居中调节，魏、赵、韩之间建立了姻亲关系，尚可同仇敌忾，一体均沾。

但是魏、赵、韩毕竟是独立的诸侯国，有着自己的国家利益与地缘政治情况，随着封建土地所有制的发展，诸侯国之间的吞并战争的局势变化，最终在领土问题和地缘政治上出现了不可调和的争端，三晋不可避免地走向了分裂。尤其是魏武侯在位期间，魏与赵、韩接连发生大战，三晋关系已经走向破裂，加之后续赵、韩干预魏国国君的确立，严重扰乱了魏国内政，魏惠王在稳定王位之后对赵、韩两国的反击，标志三国同盟关系的彻底破灭。三晋同盟关系是随着社会发展和局势而长期变化的过程，魏惠王早期深受其害，但又由于对该同盟关系矫枉过正，导致了在与其他诸侯国的战争时，无法获得盟国足够的信任与支持。

第二，是秦、齐、楚等诸侯国的强势威胁。

战国初期，秦、齐、楚三个老牌的诸侯大国，也逐渐经过了过渡期。其中，楚国在吴起变法期间，曾经北上攻韩、魏，取得大胜；楚悼王死，吴起被杀后，楚国的势头稍收，但仍然是魏国的巨大威胁。秦国虽尚未经历商鞅的彻底变法，但是在秦献公即位后，秦国结束了动荡的政局，逐渐安定下来。秦献公也进行了一些改革，并把都城迁到了栎阳，栎阳就是因战争的需要而建立的，可见秦国对夺回河西的决心。此时的齐国，不但国力渐渐强大，而且因其长期以来在中原的地位逐渐上升，使它成为魏国这个中原霸主的直接挑战者。不但泗上小诸侯受齐影响，而且，与魏貌合神离的韩、赵也企图借助齐的力量来摆脱魏国的控制。魏惠王虽然接手了一个掌握霸权的国家，但其霸权是建立在其父魏武侯的成功扩张政策下，过往魏国以征服者的姿态登上王位，如今也要像霸主一样接受挑战。

第三，是魏国风险极高的地缘政治环境。

三家分晋时期，虽然魏国分得了富裕的河内与河东地区，但因国境关系，也不得不同时面临包括秦、赵、韩、齐、楚等各诸侯国的交涉。魏文侯时期，尚能在诸侯国之间的战争中占据上风；魏武侯时期，虽然东征西战，连战连胜，但魏国依然面临着极高的风险。魏国占据的河内、河东，两者之间以狭长的上党作为交通要道，后续运用强权与韩赵交换土地，得到了出入太行山的道路。魏国的国土造型呈葫芦形，东西两端大而中间小。早期的国都安邑，因直面秦国同时又过于远离中原，难以实现魏惠王“问鼎中原”的鸿志；后期的国都大梁，则地处中原腹地，导致其军事地理防御条件较差，甚至会成为各国争霸的主战场。这种地缘政治环境的劣势，在整个魏国历史上的多次战争中，都显露无遗。

第二章　魏国的迁都

从“秦晋之好”到“河西”之争

春秋时期，比邻而居的秦、晋两国关系不错，曾进行多次联姻，至今，人们仍用“秦晋之好”祝愿新人。晋国崛起并争霸中原之后，逐渐危及了秦国的利益，两国关系开始破裂，直至崤之战，两国关系彻底破裂，进入敌对状态，开始争夺河西地区。

三家分晋后，秦国与魏国因争夺河西之地进行了长达百余年的战争，直至魏惠王将都城从安邑迁至大梁，与齐、楚等国发生多次战争，逐渐衰落，秦国趁机夺得魏国河西之地，河西之争结束，魏国历史也因此进入到另一段时期。

小贴士：崤之战

崤之战是春秋时期晋国与姜戎在崤山（今河南省洛宁县西北）隘道伏击，全歼秦国军队的战役。秦穆公在位时，任用百里奚主持秦政，国势逐渐强大。公元前628年，晋文公去世，秦国意图向东发展，争霸中原。于是派孟明视、西乞术、白乙丙三将兴师袭郑。次年春，秦军因密谋泄露，使郑国有了防备，秦军只灭滑国而还。晋国得知秦军动向后，为挫败秦军向东扩张的企图，联合姜戎，在秦军返回的必经之地崤设下埋伏，截击回返的秦军。秦军全军覆没，孟明视等三将被俘。崤之战后，秦国几次出击晋国不力，故将扩张战略重心调整至西戎地区。

秦人最初是为周王室养马的，周孝王时将秦邑赏赐给秦人，秦人才有了自己的族号和领地。西周末年，周幽王宠爱褒姒，为博其一笑，上演烽火戏诸侯的闹剧，以致西周为犬戎所灭。镐京之变时，秦襄公曾派军队拱卫周室，周幽王被杀，西周灭亡。新立国君周平王决定东迁，秦襄公又率军护送平王东迁，平王感念秦人，封秦襄公为诸侯，并将犬戎的领地西岐赐予秦国。经过历代国君的努力，消灭了西岐犬戎人后，秦国才在关中地区立稳脚跟。此时其地域版图已扩张至关中平原的大部，甚至与晋国接壤。

随着秦国国力日盛，秦穆公即位以后逐渐谋求东进，逐鹿中原，在秦国东进路上，强大的诸侯国晋国成为其最大的阻碍，秦、晋两国逐渐有了交集。起初，秦穆公并未与晋国发生冲突，而是选择与晋国联姻，自秦穆公始，秦晋共进行了三次联姻。第一次，秦穆公娶了晋献公的长女伯姬，生下太子罃，即后来的魏惠王；第二次，秦穆公将女儿嫁给晋惠公的儿子圉，即后来的晋怀公；第三次，秦穆公又将女儿怀嬴嫁给重耳，并扶持重耳为晋国国君，即后来的晋文公，两国成为友邦，史称“秦晋之好”。

“秦晋之好”的一个证明即“泛舟之役”，这是中国历史上第一次有明确记载的内陆河道水上运输的一个重大事件。泛舟之役发生在晋惠公在位期间，晋惠公即位后，晋国接连几年都遇到灾荒，五谷不收。到惠公四年（前647），晋国又发生饥荒，仓廪空虚，只好向外国买粮。想来想去，秦国离晋国最近，且两国之间有婚姻关系，所以就想向秦国买粮。当时秦国和晋国虽然在割让河西五城事务方面有些矛盾，但是最后还是决定把粮食借给晋国，从秦国的都城雍装载粮食上船，经过渭河东下进入黄河的河道，再从黄河河道拐弯北上，沿着汾河河道进入浍水，进入到晋国的都城绛。

不巧的是，第二年，秦国发生灾荒，而晋国却获得大丰收，于是秦国也请求晋国卖一些粮食给秦国。晋惠公与大臣商议此事，庆郑、韩简等人认为秦国不念前嫌给晋国运粮救灾，晋国理应回报。郤芮、吕饴甥等却认为，没有割河西五城之地给秦国，两家已成仇敌，为秦国救灾，无疑是给敌人助长力量，这件事不能答应。虢射更认为，晋国大荒，秦国不借机攻晋，却卖粮给晋国是秦国犯傻，上天又给了晋国机会，晋国不能像秦国一样，而应该借机灭秦，于是拒绝了秦国使臣的请求。秦穆公闻讯后大怒，率兵大举伐晋。晋惠公整军备战，但因其所作所为不合情理，故不得人心，君臣不和，士气不振。两军大战于韩原，晋军大败，惠公被俘。晋国则以交割河西五城及晋太子公子圉入质于秦为条件，送惠公归国复位。

人民美术出版社《秦晋之好》封面

因此，作为诸侯国之间关系的维持方式，“秦晋之好”具有强烈的政治意味，秦穆公通过政治联姻的手段，一方面维护秦晋之间的友好关系，一方面对晋国的政治进行渗透。晋国骊姬之乱发生后，秦穆公试图通过联姻扶持惠公、文公，进而控制晋国内政的目的并未实现。虽然秦国在西方击败西戎，国土得到扩张，但东部的晋国在有为之君晋文公的治理下，国力恢复，有了称霸中原的能力，始终阻止着秦国的东扩。此时，秦国与晋国姻亲关系尚且不错，穆公去世后，秦国百年衰微，更无力东进。直至孝公即位，招贤纳士，任用商鞅改革，秦国从被诸侯耻笑的西部夷戎一跃成为强国，走上兼并之路，而此时的晋国已被韩赵魏三家瓜分。

魏国的疆域不小，由于各种历史原因，最大的问题是非常分散。《国策地名考》曾引管同的话说："魏地兼有河东、河内、河西、河外，约言之，龙门以东，据汾为河东，今汾、蒲、吉、解诸府州是；龙门以西为河西，今同、鄜等州是；太行之南，殷墟为河内，今彰德、卫辉、怀庆等府是；太华以东，虢略为河外，今陕州是。"魏国据有山西西南部的河东、河南北部的河北、河南南部的鲁阳，土地较为分散，管理起来难度就很大。《史记·魏世家》记载，魏惠王"三十一年，秦、赵、齐共伐我，秦将商君诈我将军公子卬而袭夺其军，破之。秦用商君，东地至河，而齐、赵数破我，安邑近秦，于是徙治大梁"。魏国国都原在安邑，地处河东，仅有上党狭窄的走廊连接河内，如若赵韩秦东西对进，切断上党，安邑则孤悬河东。《吴子兵法·料敌》载，魏武侯曾忧心忡忡地询问过吴起："今秦胁吾西，楚带吾南，赵冲吾北，齐临吾东，燕绝吾后，韩居吾前，六国兵四守，势甚不便，忧此奈何？"

河西之地，即今山西、陕西交界处，黄河西岸的土地。河西之地对秦、魏两国均十分重要。《吕氏春秋》载，“吴起去河西而泣曰：‘君诚知我，而使我毕能，秦必可亡，而西河可以王。今君听谗人之议，而不知我，西河之为秦也不久矣，魏国从此削矣。’吴起果去魏入荆，而西河毕入秦，魏日以削，秦日益大”。商鞅也曾对秦孝公言：“秦之与魏，譬若人之有腹心疾，非魏并秦，秦即并魏。”秦国得河西之地后国力日强，魏国衰落，可见河西之地对秦、魏两国影响之大。

晋献公时期，晋国控制着河西部分疆域。《史记》记载：“当此时，晋强，西有河西，与秦接境，北边翟，东至河内。”此处的“河西”即黄河西岸的部分土地。《国语》载：“宰孔谓其御曰：‘晋侯将死矣！景霍以为城，而汾、河、涑、浍以为渠，戎、狄之民实环之。汪是土也，苟违其违，谁能惧之！’”可见，此时黄河、汾河已经纳入晋国控制领域。秦国一直对河西之地虎视眈眈。晋国发生骊姬之乱，秦穆公借机扶持夷吾（晋惠公），以图谋河西之地。明末清初大儒顾祖禹所著《读史方舆纪要》一书中曾写道：“鲁僖公九年，秦穆公援立夷吾。夷吾请割晋之河西八城与秦，《左传》

作‘赂秦伯以河外列城五’，此从《秦纪》。背约不与。”可知当时晋惠公刚刚经历“泛舟之役”，虽受秦国之惠，但并未履约。晋文公时，晋国据有黄河流域，秦国占据洛水流域，两国隔河西而接壤，秦晋两国曾因河西地区发生多次战争。

晋国灭亡以后，魏国继承晋国核心的河东地区。此时的秦国，被压制在关中，隔着洛水与魏国对峙。魏文侯时，经过李悝变法、吴起军事变革，魏国军事实力大增，吴起领魏武卒打败秦军，将秦军压制在洛水以西。秦献公时，为夺回河西之地，迁都栎阳，多次打败魏军。魏惠王六年（前364），秦、魏发生石门之战，魏人损伤惨重，六万人被斩首，赵国出兵救魏，秦国方才退兵。秦孝公时，卫鞅弃魏奔秦，受到重用，开始在秦国变法，秦国国力日增。

与此同时，魏国与赵、韩两国频繁进行战争，还要应对齐国、秦国入侵。尤其是秦国，在魏文侯派吴起夺得河西之地以后，一直对魏国虎视眈眈，伺机报复。桂陵之战、马陵之战以后，魏国元气大伤，此时的卫鞅已转投秦国，他认为魏国将军庞涓已死，太子被俘，军队遭受重创，此时是伐魏的大好时机。孝公认同卫鞅的

商鞅徙木立信（《普通高中历史地图册必修（I）政治文明进程》）

看法，并任命卫鞅为将军，征伐魏国。魏国派公子卬迎击。两军交阵之时，卫鞅蒙骗公子卬，将其俘虏。《史记·商君列传》载：“卫鞅遗魏将公子卬书曰：‘吾始与公子欢，今俱为两国将，不忍相攻，可与公子面相见，盟，乐饮而罢兵，以安秦魏。’魏公子卬以为然。会盟已，饮，而卫鞅伏甲士而袭虏魏公子卬，因攻其军，尽破之以归秦。”卫鞅诈赢公子卬，魏国失去河西之地七百里。不仅如此，魏国还遭遇了齐国、赵国的进攻。《竹书纪年》载：“二十九年五月，齐田肦及宋人伐我东鄙，围平阳。九月，秦卫鞅伐我西鄙。十月，邯郸伐我北鄙。王攻卫鞅，我师败绩。”齐、秦、赵同时攻魏，魏皆败。

春秋战国时期，各国之间互相攻伐，战争频仍，为抵御外敌，许多国家选择修建长城。魏国与秦国争夺河西之地进行的战争长达百年之久，为抵御秦犯，魏国在西部边境多次修建河西长城。《水经注》载：魏惠王“使龙贾率师筑长城于西边”。《史记正义》载：“魏西界与秦相接，南自华州郑县，西北过渭水，滨洛水东岸，向北有上郡鄜州之地，皆筑长城以界秦境。”西长城对秦国入侵具有一定的抵御作用，但秦魏仍旧战争不断，最终魏亡于秦，西长城遗址今尚存。

总体来看，秦、魏之间在河西地区的战争，对两国之后的命运走向都产生了巨大的影响。秦国在获得河西地区之后，国土的地理完整性得到了保证，消除了来自魏国的威胁，为今后平定六国的统一事业奠定了坚实基础；魏国则在失去河西地区之后，首都安邑面临着来自秦国的军事威胁，不得已将首都迁往大梁，其对外经略的国策也在魏惠王之后逐渐趋向于保守，最终被秦国所灭。

魏国迁都大梁的历史

魏惠王在位时曾将都城从安邑迁至大梁。对国家而言，迁都对其政治、经济乃至军事形势影响深远，一个国家非必要不会轻易变动都城位置，魏国迁都的时间和原因十分耐人寻味。

魏国迁都的时间目前尚有争议。《水经·渠水》《汉书·高帝纪注》都引用了《竹书纪年》，载明“魏惠王六年，自安邑徙都大梁”。《史记·魏世家》中引用《竹书纪年》则称“梁惠王九年四月甲寅，徙都大梁”。吴汝煜先生在其所著的《关于魏国徙都大梁时间》一文中认为：“魏国徙都大梁的时间应该从秦、魏两国的关系和力量消长来考察”，“魏徙都大梁的时间，可确定在惠王十八年，即公元前353年”。司马贞《史记索隐》中引用《竹书纪年》写道：“梁惠王二十九年，秦卫鞅伐梁西鄙，则徙大梁在惠王之二十九年也。”《史记·魏世家》中记载：“三十一年，秦、赵、齐共伐我，秦将商君诈我将军公子卬而袭夺其军，破之。秦用商君，东地至河，而齐、赵数破我，安邑近秦，于是徙治大梁。”范文澜先生所编写的《中国通史简编》也引用该说法。

综合相关学者的研究，并根据史料的梳理，可知魏惠王迁都时间共有五种说法，一为魏惠王六年（前364）迁都，二为魏惠王九年（前361）迁都，三为魏惠王十八年（前352）迁都，四为魏惠王二十九年（前341）迁都，五为魏惠王三十一年（前339）迁都。学者们对此多有考辨，现多认为迁都时间应在魏惠王六年（前364）。首先吴汝煜先生的观点“惠王十八年迁都”并无史料佐证，其余四种观点皆出自《竹书纪年》或《史记》；其次《竹书纪年》为战国时期魏国人所著，较《史记》而言更具有可信度。《史记·孙子吴起列传》中记述齐国、魏国发生桂陵之战时，将魏军称作“梁军”，山东临沂银雀山西汉一号墓中出土的竹简《孙膑兵法》也称桂陵之战时的魏惠王为“梁君”，迁都大梁之后，魏国才冠以“梁”字，因此，迁都大梁必发生在桂陵之战以前，由此只余“六年说”和“九年说”。对于这两种说法，方诗铭、王修龄在《古本竹书纪年辑证》中推算，魏惠王九年四月“己未朔，是月有甲子、甲戌、甲申而无甲寅”，因此可排除“九年说”，魏惠王应于六年迁都至大梁。

小贴士：桂陵之战

桂陵之战是战国时期发生在齐魏两国间的一次著名战役。公元前354年，魏国出兵攻打赵国。次年，齐国以田忌为主将，孙膑为军师，出兵援救赵国。齐军通过进攻魏国都城大梁（今河南省开封市）迫使魏军回援，并在魏军必经之地桂陵（今河南省长垣市西，一说山东省菏泽市东北）设伏，击溃魏军。孙膑在此战中避实击虚、攻其必救，创造了“围魏救赵”战法，成为后世诱敌就范的常用手段。

史籍中所记载的魏惠王迁都年份不同，据相关学者的研究认为，迁都实际上是由两步完成的。惠王六年（前364），魏惠王刚即位不久，此时他有心在中原地区与各诸侯国争雄，而安邑近河西，不利于与赵、韩、齐在东方争衡，迁都于梁则有利于魏国向中原和山东地区发展势力。但此时宗庙重器不宜轻动，宗室成员也有反对者，于是惠王六年的迁都很有可能是惠王本人及百官迁往大梁，而宗庙重器和部分宗室贵族仍然留在安邑。这一步是出于东扩的目的。后来秦、魏之战中被商鞅诈擒的公子卬，商鞅在魏时曾与其交好，应当是资历较老的宗室贵族，却并未见于与齐、赵的东方战场，他极有可能是在惠王六年迁大梁后留守安邑防备秦国的宗室领袖。而秦、魏河西之战后，秦国尽得河西之地，对安邑构成了直接威胁，魏惠王才在三十一年（前339）把在安邑的魏国宗庙重器和宗室贵族迁到大梁，至此才彻底完成迁都的过程。而这一步是出于避秦的目的。

迁都的时间基本确认以后，魏国迁都的原因也就明晰了。刚刚即位的魏惠王将都城迁至安邑的确有着合理的战略考量。首先，从地理位置来看，魏国原都城安邑位于今山西运城，资源丰富，拥有解州盐池和中条山铜矿，地处山间盆地，地势险要安全，不易受到黄河水患的侵扰。安邑作为魏国西部的重要城市，距离秦国、韩国领地较近，可以弥补当时魏国主要疆域在河东地区的不足（可以守卫魏国西部领土，抵御秦国战争侵袭），使魏国在与秦国河西地区的争夺中处于优势地位，魏国长期掌握着河西地区的控制权，同时将秦国压制在西部地区，无法进取中原。大梁位于今河南开封附近，地处中原，地势平坦，无险可守，但该地区水资源十分丰富，土壤肥沃，适宜农作物耕种，同时水系发达，拥有诸多水道，交通运输便利，这也是魏惠王迁都后修建鸿沟的重要原因之一。其次，魏国政治目的的转变也是迁都的重要原因。魏惠王即位初期，魏国在魏文侯、魏武侯的治理下，国力正处于鼎盛时期，若要实现称霸中原的目标，需要调整魏国的军事战略以便指挥运输物资，出于这种考虑，都城设于中原为宜，安邑位置偏西，而大梁处于中原腹地，更为适合。但是部分学者认为迁都大梁加速了魏国的覆灭，大梁是四战之地，兵家必争，“境四平”，无山川之险阻。魏惠王迁都大梁，西失关河之固，东就黄泛而无险可凭之地，自此地削国弱，以至招来灭顶之祸。魏定都安邑，利用关河天险和山西高原有利的地理形势，极大地促进了魏国的兴旺和繁荣；迁都大梁，不仅没有加强对东方诸侯的控制，而且也没能更好地保护国都安全，反而加速了魏的衰亡。影响国家衰亡的原因是多方面的，根本原因或许正如吴起所言，“在德不在险”。

从大梁城的修建规格方面，可以看出魏惠王意图主宰中原的野心。商鞅在辅佐秦孝公变法时，为了达到孤立魏惠王的目的，劝魏惠王“先行王服”。魏惠王在修筑大梁城时，大梁城的面积、大梁城的十二道城门，以及城墙之高皆可能是按王城，即天子之城的规制修建的。在大梁城中还筑有灵台，灵台又称惠王台，据说有两处。一处位于今河南开封。清顺治年间的《河南通志·古迹上》记载：“灵台在府城南二十里，战国魏侯所筑；一名梁惠王台。”另一处位于今河北大名县。清雍正年间的《畿辅通志·古迹·正定府》记载：“惠王台，在大名县北十里。《名胜志》：‘魏惠王所筑。’”笔者认为，魏惠王建都在大梁，即今河南省开封市，故惠王台在开封的可能性更大些。只有天子之台才被称为灵台。《洪范五行传》曰：“天子曰灵台，诸侯曰时台。”《春秋纬》曰：“天子灵台，诸侯观台。”《礼含文嘉》曰：“天子灵台，以考观天人之际，法阴阳之会也。”从中可以看出魏惠王在修筑灵台时的勃勃野心，他确实是在按照天子的规制修建大梁城。

“逢泽之会”标志着魏国霸权到达顶峰，这也是魏国彻底被各诸侯国外交孤立的开始。魏惠王二十六年（前344），魏惠王在逢泽（今河南开封东南）召集会盟，宋、卫、邹、鲁等诸侯及秦公子在魏惠王率领之下朝见天子。魏惠王以霸主身份打着“朝天子”或“尊王”的旗号召集诸侯会盟，基本上是在效仿春秋时期齐桓公、晋文公等“尊王攘夷”的诸侯霸主。商鞅为魏惠王建议，让其“身广公宫，制丹衣柱，建九旅，从七星之旟”，这些都是“天子之位”才能享用的礼仪和礼器。商鞅这么做，目的是使魏惠王骄奢其心，成为诸侯各国攻击的目标。魏惠王对商鞅的话非常高兴，一切照办，这正中商鞅之计。

“逢泽之会”过去十多年后，魏惠王三十七年（前334），魏惠王率领韩国和一些小国到徐州（今山东滕县东南）朝见齐威王，尊齐威王为王，齐威王不敢独自称王，于是也承认魏的王号，史称“徐州相王”。魏惠王还特意改此年为后元年（前334）。齐、魏国君称王，就否定了周天子的天下共主地位，这使得从春秋以来建立在“挟天子以令诸侯”基础上的政治观也随之消失，因此，齐、魏“徐州相王”成为战国时代政治史上一个标志性的事件。不过，魏惠王一系列的出格举动，使得魏国在诸侯国中受到越来越多的“关注”，周边如楚、秦等国与魏国关系也随之恶化，严重影响到了魏国未来的发展。

第三章　鸿沟的开凿

魏国国都大梁的修筑

关于大梁修筑的过程及详细规制，因史料的缺失，已经无法做全面的复原，只能根据一些比较侧面的资料进行简要分析。

魏国迁都大梁之时，大梁并不是中原区域的名城，在它的周围有很多同类型的城址，比如启封、圉、雍丘、卷、安、阳武等。西周时期，大梁还是卫国南部边境的一个小城，被称作“仪邑”；春秋中期，被郑国占领；到春秋晚期，又被楚国割让。至战国时期，魏国又联合赵国夺取仪邑，并改称“大梁”。到了魏惠王六年（前364），魏国正式将都城从安邑迁到大梁。

大梁是魏国中晚期国家疆域的中心。虽然在魏惠王迁都大梁之后的很长时间里，魏国疆域包括了原河东、河内地区与河南岸的中原地区，但这种情况仅维持了几十年。公元前287年，秦国分兵两路攻魏，一路攻魏旧都安邑，一路攻魏国的河内，拔取新垣（今山西垣曲东南）、曲阳（今河南济源西）。次年，秦派司马错攻魏河内，魏国献出旧都安邑。魏国在丧失安邑城后，国土收缩至今河南省郑州以东、新乡以南、东至兰考一带的区域范围内。在这个区域内，大梁基本上处于中心位置，与疆域的东西南北四至的距离基本相等，迁都大梁势在必行。

大梁一带土地肥沃，河湖众多，地表水丰富，以当代的眼光来看，这些条件非常有利于农业的发展。《管子·度地》提出“故圣人之处国者，必于不倾之地，而择地形之肥沃者，乡山，左右经水若泽”。大梁的地形地势基本符合这一论断。战国时期的大梁，四周无大山，尽得平原之利，土沃水丰，西有荥泽和圃田泽，西北有沙海，东有牧泽和蓬泽等几个大的湖泊，北有河水、济水、阴沟、大沟等大河，南有睢水、涝水、颍水等河流穿境而过。魏国扎根中原后，在河南长城和河内长城以东的国土内，虽然没有名山大川，没有险阻关隘，但也不是没有任何起伏的平坦之地。战国时期的大梁周围及城内分布有较多的高台土岗，这种略有起伏的地势地貌还是为大梁的军事设防提供了很大的便利。

不过，时光向前追溯两千多年，我们可以发现当时的魏国所面临的地理环境，其实并没有那么美好。鸿沟的开凿，是对周边沼泽遍地的自然状况所做出的一种反应，也就是为了更好地修筑大梁。相较于地理环境，魏国的地缘政治格局还要更差，《战国策》记载了张仪与魏惠王之间的对话：

> 张仪为秦连横，说魏王曰：“魏地方不至千里，卒不过三十万人。地四平，诸侯四通，条达辐辏，无有名山大川之阻。从郑至梁，不过百里；从陈至梁，二百余里。马驰人趋，不待倦而至。梁，南与楚境，西与韩境，北与赵境，东与齐境，卒戍四方。守亭障者参列。粟粮漕庾，不下十万。魏之地势，故战场也。魏南与楚而不与齐，则齐攻其东；东与齐而不与赵，则赵攻其北；不合于韩，则韩攻其西；不亲于楚，则楚攻其南。此所谓四分五裂之道也！”

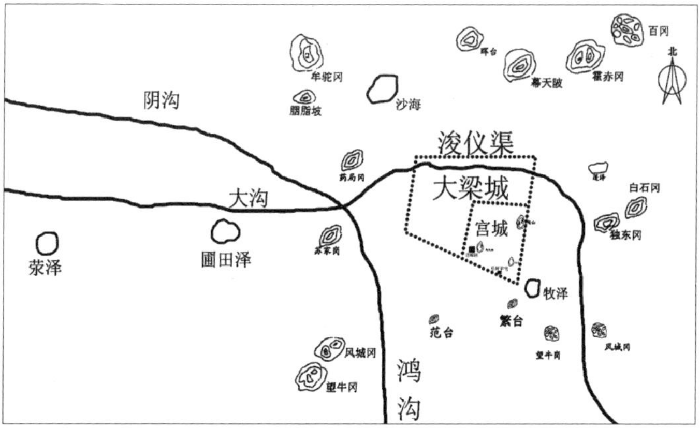

魏国国都大梁附近地理状况示意图

这种处于诸侯国之间“四战之地”的地理格局，使得魏国在迁都大梁之后，在对各种地理形势的利用上费尽心力，鸿沟的开凿无疑是魏国为维持国家安全的一项重要举动。

魏国因魏惠王东扩中原的宏大抱负而迁都大梁，但最终因时势的变化和内政的不治而走向衰落；又因魏惠王好战和争雄的态度，使魏国在东方诸侯间被孤立，加之秦在西方的崛起，又使魏国失去了扩张空间，过度穷兵黩武更导致国内内政不治，民生凋敝，魏国的国力逐渐减弱，为之后的灭亡埋下了伏笔。不过，正如《孟子》所说的“生于忧患，死于安乐”，魏国正是在这样复杂的地缘政治格局之下，为了从诸侯国之间的战争中获得更好的发展资源，弥补地缘政治条件恶劣的先天不足，在群雄环伺的环境下抢占发展和生存的先机，魏惠王遂发动国家力量对大梁周边进行地理环境的改造。鸿沟水系的开凿就是其中最大的一项工程，也是魏国为后世留下的丰厚遗产。

鸿沟水系的开凿完成

魏国是战国时期最早重视水资源利用、修缮水利的国家之一。早在魏文侯时期，西门豹任邺令，便对漳水进行了治理。魏惠王迁都大梁后，更加大规模推行各种水利设施的建设。

开凿鸿沟是魏国继治理漳水之后，又一大水利工程建设。鸿沟首先是为魏国新都大梁的修筑提供保障的一项水利工程，后来又演变成为鸿沟水系，沟通着中原地区各诸侯国之间乃至中原地区与淮河流域、长江流域的经济、政治、文化的交流。魏国作为战国初年的一个强国，长期以来加强中央集权和君权的措施，加之李悝变法对经济发展的提升和促进，到魏惠王时期有了比较充足的积累，这为鸿沟水系乃至之后的大运河的修建，提供了强有力的保障。

小贴士：西门豹治漳

魏文侯时，曾派西门豹任邺县（今河北临漳县西南邺镇）县令。当时漳水泛滥成灾，地方官吏勾结女巫，以河神娶亲为由谋害贫穷女子，借机征收重税敛财，民不聊生。西门豹上任后，施计破除了河神娶亲的迷信。官员能利用河伯娶亲敛财，其根本原因在于漳水多泛滥，使邺城百姓深受其苦。因此西门豹对漳水进行了大规模治理，动员开凿了水渠十二道，并引漳水灌溉农田。继任县令继续引漳水灌溉，改善了邺县一带的盐碱地。当地人民歌颂曰：“邺有贤令兮为史公，决漳水兮灌邺旁，终古舄卤兮生稻粱。”《史记·河渠书》载：“西门豹引漳水溉邺，以富魏之河内。”

对于雄心勃勃的魏惠王来说，其执政的目标之一就是巩固魏国在诸侯国之间的强大地位。他一方面致力于发展经济，比如开放原本被统治者独占的山川林泽，让百姓去开发，从而激发了人民在经济开发方面的热

辽宁人民出版社《西门豹除巫治邺》封面

情；另一方面又积极开辟向东方进行水上运输的途径，以打破交通的壁垒。于是，以魏惠王为代表的魏国统治者，开始思考如何开凿一条以大梁为中心、沟通各方的运河。

鸿沟开凿之前，整个黄淮地区已经遍布大大小小的河流与湖泊，这种相对比较原始的水系，就是鸿沟水系开凿的基础。《史记·河渠书》就将鸿沟的开凿与大禹治水的功业相提并论：“九川既疏，九泽既洒，诸夏艾安，功施于三代。自是之后，荥阳下引河东南为鸿沟，以通宋、郑、陈、蔡、曹、卫，与济、汝、淮、泗会。”传说大禹治水疏通水系河道，泽被夏商周三代，魏惠王迁都后，在大禹疏通河道的基础上开凿了鸿沟。史料中对鸿沟的称呼不尽相同，有“大沟”“狼汤渠”“鸿沟水”“蒗荡渠”“渠水”等名称。鸿沟是我国著名的古运河，自形成以来，对我国政治格局、经济发展、文化交流产生了深刻的影响。

自魏国将都城迁至大梁后，魏惠王综合考虑大梁位于黄河中下游、华北平原之上，地势平坦开阔，结合该区域西高东低、水资源丰富的优势，若能打破交通运输的壁垒，开凿一条通往东方的水路，那么称霸中原的目标将更进一步。于是，公元前360年，魏惠王着手开凿鸿沟，《竹书纪年》载“梁惠成王十年（前360）掘沟，入河水于圃田，又为大沟而引圃水”，又说“梁惠成王三十一年（前339），为大沟于北郭，以行圃田之水”。此处的“圃田”，即圃田泽。据《水经注》记载：“斯浦乃水泽之所钟，为郑隰之渊薮矣。”此处的描述，让我们对这个汪洋浩瀚的大湖泊有比较明确的认识，它毫无疑问地充当了鸿沟运河优良的蓄水柜。鸿沟就是对圃田泽的湖泊水利进一步的扩大利用。人们引河水入圃田，又由圃田引水到大梁北郭，这成为鸿沟水系重要的水源及调节方式。

小贴士：《竹书纪年》

《竹书纪年》是西晋太康初年在汲郡战国魏墓出土的竹简古书。原无题名，后世以其按年编次的体例及书写载体命名。它由战国后期魏国史官编纂，是现今所知起始时间最早、编纂时限最长的编年简史。内容始于夏、商、周，终于魏襄王二十年（前299）。其在夏、商、西周时期用夏历纪年，东周用晋纪年，三家分晋后用魏纪年。“古本”有与传统儒家历史记载不同的内容，能与传世书籍互补互证。但“古本”早已散佚，现存“今本”为后人重编，学界多认为是伪书，不过仍具一定参考价值。

按《竹书纪年》等史料记载，鸿沟分两次开凿形成。第一次在魏惠王十年（前360），先是将黄河之水引出，其水道由荥阳（今河南省荥阳市东北）东行，再通过鸿沟引入中牟附近的圃田泽，再从圃田泽将黄河水引进都城大梁。第二次开凿鸿沟应当是在魏惠王三十一年（前339），从圃田泽开凿渠道，引水向东，运河延伸至大梁城北，绕过城东，然后东南行进入沙水河道，至陈（今河南淮阳县）东又折向南流，再向南进入颍水，沟通淮河。鸿沟将黄河、淮河的主要干流沟通起来，形成了巨大的鸿沟水系。

经过这两次开凿之后，鸿沟又不断拓展，将黄淮之间的济、濮、汴、睢、颍、涡、汝、泗、菏等大大小小的河流串联起来，织成了以大梁为中心、四通八达的水上交通网。鸿沟的开凿，对魏惠王的称霸无疑起到了重要作用。《战国策》等史书称魏国拥地千里，能号令十二诸侯，魏国动员资源的能量，其中一个来源就是鸿沟水系的存在。

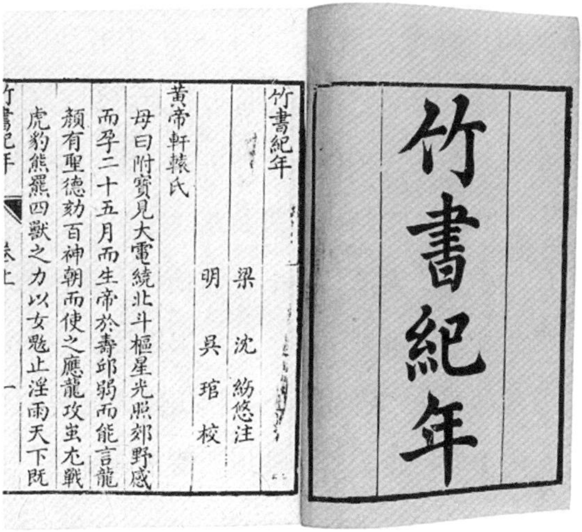

《竹书纪年》书影

圃田泽位于黄河冲积扇的顶部与嵩山东北麓洪积扇间的洼地上，在今郑州和中牟之间，为关东平原的著名泽薮。据说大禹治水时，见到这片地方地势低洼，蓄水量大，便命名为“圃田泽”。春秋战国时的圃田泽为汪洋巨浸，北通黄河，东连济水。魏惠王开凿鸿沟后，圃田泽成为沟通黄河与鸿沟水系间水量调节的蓄水库。不过，由于秦汉之后黄河泥沙的不断淤积，圃田泽日益萎缩。到魏晋南北朝时期，原本丰腴的圃田泽急剧缩小，而且解体为20多个小湖沼。郦道元在《水经注》中记载：“泽在中牟县西，西限长城，东极官渡，北佩渠水，东西四十许里，南北二十许里。中有沙冈，上下二十四浦，津流迳通，渊潭相接，各有名焉：有大渐、小渐、大灰、小灰、义鲁、练秋、大白杨、小白杨、散吓、禺中、羊圈、大鹄、小鹄、龙泽、密罗、大哀、小哀、大长、小长、大缩、小缩、伯丘、大盖、牛眼等，浦水盛则北注，渠溢则南播。”唐宋以后，在泥沙淤填和人工围垦的双重“进攻”下，圃田泽大面积的水面逐渐消失，明中叶已沦为沼泽洼地，清末则变成一片广袤的农田。

需要特别指出的是，“鸿沟”虽然是人工修浚的一条河道，但是史书中在提及“鸿沟”一词时，往往不仅仅是指单独的一条人工运河，而是鸿沟与附近的其他大大小小的河流、湖泊一起，所组成的一套完整的水利与水运系统，即“鸿沟水系”，也只有在成为水系之后，它的航运价值才能够全面发挥出来。鸿沟一经开凿，黄河水被引入渠道，随即形成几个分支，这些分支与泗水、汝水、济水和淮水等水系相连接，顺鸿沟及这些支流可到达宋、郑、蔡、卫等几个国家。

鸿沟水系的上游“渠”和“阴沟水”承接黄河，《水经》中提到的“渠出荥阳北河”即此“渠”。至于阴沟水得名，《水经注·渠水》言：“渠水东南径赤城北，左则故渎出焉。秦始皇二十年，王贲断故渠，引水东南出，以灌大梁，谓之梁沟。又东径大梁城南。”又有《阴沟水注》载：“梁沟既开，蒗渠故渎实兼阴沟、浚仪之称。”可知因该条水道过大梁城南，故名阴沟水。

除渠和阴沟水，鸿沟的主河道为沙水，另外分有汳水、涡水、涣水、睢水等几个重要支流。支流流经地区众多，名称往往因地方语言风俗而异。如《水经注疏》中说明，汴水“在浚仪则呼为汳水，在荥阳则呼为卞

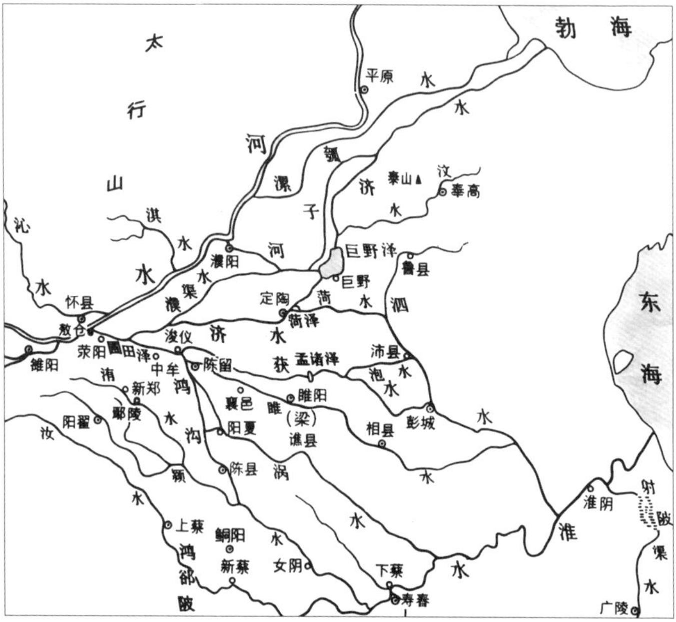

汉代鸿沟水系分布图

水，为播水，亦呼为潘水，各随其方音耳”。比较著名的几条分支介绍见下。

汳水即汴渠，又称汴水，是鸿沟水系的第一分支。

《水经注》云：“丹、沁乱流，于武德绝河，南入荥阳合汳，故汳兼丹水之称。”郦道元认为汳水即丹水。据《竹书纪年》记载，周敬王四十三年（前474），“宋杀其大夫皇瑗于丹水之上。丹水壅不流”。丹水

（即汴水）在魏惠王修建鸿沟前一百余年便有记载，可见它最初也是一条自然河流。《水经》云：“汳水出阴沟于浚仪县北，又东至梁郡蒙县，为濉水，余波南入淮阳城中。获水出汳水于梁郡蒙县北。又东过萧县南。获水北流注之，又东至彭城县北，东入于泗。”获水为汴水进入梁郡蒙县水段的称呼，最后汇入泗水，成为泗水的重要支流。

根据《水经注》，我们可以把汴水的径行路线做一个比较详细的叙述。按今天地点来说，汴水出蒗荡渠后，又自河南开封东流，径旧考城县南为幽获渠；又东径宁陵、商丘；自商丘以东，又为获水；径今曹县、虞城、夏邑、砀山、萧县到徐州市东，入于泗水。汴水故道大体上为今天的废黄河故道。所以金末黄河南徙之后，史籍载此事为“夺汴入淮”。

睢水，是鸿沟水系的第二分支。

睢水在史料中出现得很早。《尚书·禹贡》中就有关于睢水的记载：“雷夏即泽，雍、沮会同。”“沮”即指睢水，魏惠王开凿鸿沟后，睢水成为鸿沟水系的支流。《水经注》云：“睢水出陈留县西莨荡渠，东北流。”睢水即濉水，陈留县即今天的河南开封陈留镇，出开封后，睢水流向东北，最终注入泗水。历史上，睢水灾害频仍。有诗《睢城水涨》写道：“寂寞孤城下，长河汩汩来。蛟龙凭水横，鸿雁入秋哀。白诸沙全灭，青郊去未开。书生徒极目，无力及天灾。”明朝天启二年（1622）及崇祯二年（1629），黄河曾发生两次大决口，睢水最终淤埋地下。

据《水经注》记述，睢水自蒗荡渠分水，东南流；自陈留以下，径雍丘、襄邑、宁陵、睢阳、穀熟、栗、太丘、芒、相、萧、竹、符离、睢陵、取虑等地入于泗；合泗之处，谓之睢口。以今天地点来说，睢水自开封市南分古蔡水而东南流，行于古涣水之北，与涣水略为平行，地理位置上相距很近；又东径杞县、睢县、宁陵、商丘、夏邑、砀山、宿县、萧县、灵璧、睢宁、宿迁等县而入于泗水。

涣水，是鸿沟水系的第三分支。史料中关于涣水的记载并不多见。《水经注·渠水》载：“渠水又东南流，径开封县，睢、涣二水出焉。”《水经注·淮水》又载：“淮水又东，径夏丘县南；又东，涣水入焉。”可见涣水与睢水同出自鸿沟，东南流向，最终汇入淮水。涣水径行路线，以今天地点言之，涣水上游自永城以西到开封，故迹不存；自商丘以下的浍河，就是古代涣水的故道。

涡水，是鸿沟水系的第四分支。《汉书·地理志》云："涡水首受狼汤渠，东至向入淮，过郡三，行千里"，最终注入淮水。涡水径行路线，以今天地点来说，涡水的源头，在今河南扶沟县从狼汤渠中分出，向东流经太康、鹿邑、亳县、涡阳、蒙城、怀远等县注入淮水。其上游故迹已难稽考；自亳县以下，涡水古道基本上没有很大的变化。

鲁沟水，是涣水、涡水之间连结的纽带。鲁沟水在今陈留县西北从狼汤渠中分出；又东南流，径杞县南；又东南径太康县境；又东南，大约到鹿邑县界便合于涡水了。如此，它横亘在涣、涡二水之间，起了联络纽带的作用。

颍水，是鸿沟水系的末流。颍水的来源，据《后汉书·地理志》颍川郡部分写道："阳乾山，颍水所出，东至下蔡入淮，过郡三（颍川、汝南、淮阳三郡），行千五百里。"《说文》写道："颍水出颍川阳乾山，东入淮。"颍水源于嵩山之下，三源合流东南流，经登封、禹县、临颍、西华、商水、项城、太和、阜阳、颍上等县入于淮水，是淮北的第一大河，也是鸿沟水系的重要组成部分。

总之，鸿沟水系的开凿工作完成于战国时期的魏国。魏惠王在迁都大梁之后，为了富国强兵、发展生产的需要，利用本国境内上古以来遗留下来的黄河故道和各种水系，加以大规模地开凿整顿和改造，完成了这项水利工程。它以圃田泽作蓄水柜，又东至浚仪。浚仪以南，又叫作狼汤渠，其实还是鸿沟干流，在这一段中，分流四布，形成水道网。其各分支的下流，都入于淮水。史念海先生在《论济水和鸿沟》一文中曾提道：“这些分支中大部分的河流本来都应该是自然的水道。能都连接到一起，这是人为努力的成就。”魏惠王时两次开凿鸿沟，使诸多水流绕大梁城为中心形成庞大的水网，极大促进了大梁的繁荣发展，同时也奠定了开封作为八朝古都的基础。

“八朝古都”开封与鸿沟水系

开封古城历史悠久，建都史最早可追溯至夏朝，由于自然环境和战争的影响，夏朝曾多次迁都。古本

《竹书纪年》载："帝宁居原，自迁于老丘。"帝宁即帝杼，少康的儿子。西晋皇甫谧编撰的《帝王世纪》记载："帝宁，一号后予，或曰公孙曼，能率禹之功，夏人报祭之。在位十七年。"帝杼治国有道且善谋好战，为征讨东夷人，先是将都城迁至原，后又将都城迁至距东夷人较近的老丘。"老丘"在今开封市杜良乡国都里村附近，与谭其骧先生所编《中国历史地图集》中标注的位置基本一致。传说帝杼曾征服东海和三寿，得九尾狐。

1998年，开封考古队配合商开高速的选址工作，对沿线进行文物勘探，在国都里村附近发现了夏商时期的文化遗址。结合史料，《春秋地名考略》写道："定十五年，郑罕远败宋师于老丘，杜注老丘宋地，臣谨按，今开封陈留县北四十五里有老丘城，见《陈留风俗传》。"《大清一统志》载："老丘在开封府陈留县北四十里，有老丘城。"清人顾栋高《春秋大事表》云："老丘，陈留县东北四十里有老丘城，为宋老丘地。定十五年'郑败宋师于老丘'，即此。"故可确定，老丘具体位置确在今开封境内，夏人曾将此地作为都城两百余年，历经六世。在老丘，夏王朝的发展达到鼎盛，直

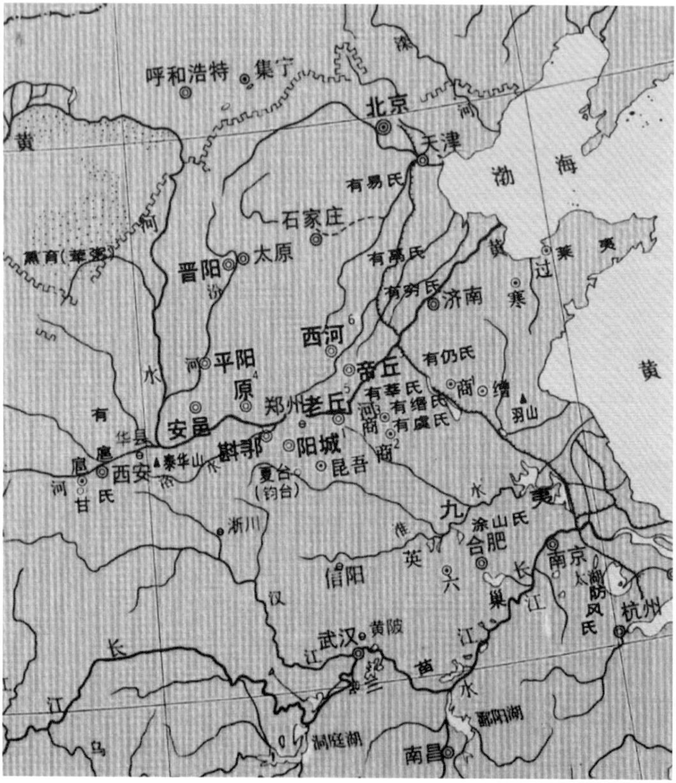

夏时期局部图（《中国历史地图集》）

至胤甲迁都河西，夏王朝开始衰落。至今，该村落依旧以国都为名。

春秋时期，开封成为郑国的领地，郑庄公在此开土封疆，建城启封。汉初，为避讳汉景帝刘启之名，改启封为开封，故有了开封之名。战国时，梁国为秦所灭，梁国余部迁至开封，故又称大梁。郦道元《水经注》中载："又东迳大梁城南，本《春秋》之阳武高阳乡也，于战国为大梁，周梁伯之故居矣。梁伯好土功，大其城，号曰新里。民疲而溃，秦遂取焉。后魏惠王自安邑徙都之，故曰梁耳。"公元前364年，为争霸中原，魏惠王将都城迁至开封境内，自此魏国被冠以梁名，魏国在此建都130余年。魏灭后一千余年间，大梁再无王朝建都于此。直至907年，节度使朱温废唐哀帝，建都开封，建国大梁，这是开封第三次作为一国之都，可惜后梁仅存17年而亡。936年，曾灭亡梁国的后唐被石敬瑭建立的后晋取代，937年，石敬瑭迁都开封，后晋仅存12年。之后刘知远、郭威先后在开封建都，立国后汉、后周，存续不久皆亡。960年，赵匡胤兵变、黄袍加身，建立宋朝，建都开封，这一时期的开封成为全国乃至世界上人口最多、经济文化最为发达的地区。金朝为最后一个建都开封的国家。

中国历史源远流长，朝代更迭间，形成众多古都，如最著名的八大古都：北京、西安、洛阳、开封、南京、杭州、郑州、安阳。《天下旧闻考》称北京城附近：“左环沧海，右拥太行，北枕居庸，南襟河济，诚天府之国。”班固《两京赋》称赞关中之地：“夫关中，左崤函，右陇蜀，沃野千里，南有巴蜀之饶，北有胡苑之利，阻三面而守，独以一面东制诸侯，诸侯安定，河渭漕挽天下，西给京师，此所谓金城千里，天府之国也。”傅毅的《洛都赋》写道：“寻历代之规兆，仍险塞之自然。被昆仑之洪流，据伊洛之双川。挟成皋之岩阻，扶二崤之崇山。砥柱回波缀放于后，三涂太室结于前。镇以嵩高乔岳，峻极于天。”反观开封，位于平原之上，仅北方有黄河天险，四周皆无高山关隘可守，似乎并不符合营建都城的条件。早在战国时，纵横家张仪便提出大梁境势不可为都的说法。但在历史的长河中，开封最终也跻身于中国古都体系中最重要的几座城市之列，誉满中华。

那么并无地理优势的开封为何能够受到统治者的青睐，成为八朝古都呢？后晋开国皇帝石敬瑭给出了答案。《旧五代史·升汴州为东京诏》载：“当数朝战伐之余，是兆庶伤残之后，车徒既广，帑廪咸虚。经年之挽粟飞刍，继日而劳民动众，常烦漕运，不给供需。今汴州水陆要冲，山河形胜，乃万庾千箱之地，是四通八达之邻。爰自巡按，益观宜便，俾升都邑，以利兵民。汴州宜升为东京，置开封府。”开封位于黄河、汴河、惠通河和广济河的交汇处，是为水路交通要道，之所以能够成为中国八大古都之一，得益于其建城之初就具备的得天独厚的水运条件。开封最早展现其作为水运枢纽的优势地位，是在战国时期魏惠王修建鸿沟后。《管子·乘马》载：“凡立国都，非于大山之下，必于广川之上；高毋近旱，而水用足；下毋近水，而沟防省；因天材，就地利，故城郭不必中规矩，道路不必中准绳。”五代与北宋时期的开封城，就十分符合这一标准。

事实上，开封能够成为八朝古都，尤其是对于“华夏民族之文化，历数千载之演进，造极于赵宋之世”的北宋王朝来说，运河水系的存在是开封能够成为北宋都城的极为关键的条件。早在北宋立国之初，尚未统一全国之时，钱塘江畔吴越政权的统治者钱俶，慑于北宋王朝的威势，亲自来到东京朝拜赵匡胤，献上一条罕见的超级犀角腰带。赵匡胤婉言拒绝了，并非常自豪地说：“朕已有了三条‘宝带’了，这条还是你留着用吧。”钱大惊，提出想要见识一下这几条宝带，赵匡胤说：

当代开封城景——“清明上河园”水系

“这三条‘宝带’，一条是汴河，一条是惠民河，一条是五丈河。”可以说，作为北宋都城开封的经济资源大动脉，以鸿沟水系的历史遗产为代表的这些运河，支撑起了作为八朝古都的开封。

第四章　鸿沟水系的完善与演变

鸿沟的水运、水利价值

鸿沟的开凿及利用，反映了战国时期水利事业的规模，也显示出了当时人民利用自然的智慧。根据魏国所在区域的地理情形来说，宋、郑、陈、蔡之间本是一片平原，这片平原的东南部地势比较低下。从今日之商丘、淮阳和上蔡三地向西的地区，一直到荥阳的黄河附近，海拔没有超过200米的高度。商丘等三地向东的区域，海拔更低到50米，甚至很多地方还不到50米。正因如此，这一带的水道基本都是自西北向东南流去的走向，又因为坡度很缓，这一系列的鸿沟支流被称为“坡水”。史念海等学者研究认为，正由于荥阳、中牟已经距离黄河很近，而地势还是这样带有向东南倾斜的情况，也就意味着其间分水的地方就在黄河的近旁，这种情形，对于开凿水道来说，显然是有利的条件。当时的人民能够这样利用自然环境，确实是难得的事情。

鸿沟连接黄、淮，水流量十分充沛，与其相连的河道水位相对稳定，它向南通向淮河、邗沟，与长江贯通；向东通济水、泗水，沿济水而下，可通过淄济运河到达齐国都城临淄；东南可达东海和钱塘江；向北通黄河，并与洛河、渭水相连。鸿沟的修建弥补了原有天然河道的不足，使大梁成为全国水路交通的中心。鸿沟水系的开通打破了山川地形的阻隔，将黄、淮流域的各个国家和地区联系起来，促进了经济上的区域间整合，一定程度上推进了统一国家的形成进程。

鸿沟促进了魏国水运交通事业的发展，其结果首先反映在与政治息息相关的国家漕粮运输层面。《战国策·魏策》记载：“粟粮漕庾，不下十万。”这十万多军粮就是通过鸿沟系统运输到都城大梁的。漕运将粮食从全国各地运送到国家的政治重心，漕运的稳定通常是关系国家政权稳定的大事。鸿沟的开凿也推动了沿线农业事业的发展。《史记·河渠书》载：“于楚，西方则通渠汉水、云梦之野。东方则通鸿沟江淮之间。于吴，则通渠三江、五湖。于齐，则通菑济之间。于蜀，蜀守冰凿离碓，辟沫水之害，穿二江成都之中。此渠皆可行舟，有余则用溉浸，百姓享其利。至于所过，往往引其水益用溉田畴之渠，以万亿计，然莫足数也。”鸿沟开凿后，鸿沟及与其连接的水系流域，成为战国后期最重要的产粮区之一。鸿沟水系形成前，黄、淮流域已经形成一批城市，如魏国都城大梁、韩国都城阳翟等，但这些城市多为国家因政治目的而修建的。《盐铁论·通有》写道：“燕之涿、蓟，赵之邯郸，魏之温、轵，韩之荥阳，齐之临淄，楚之宛丘，郑之阳翟，三川之二周，富冠海内，皆为天下名都。非有助之耕其野而田其地者也，居五都之冲，跨街衢之路也。故物丰者民衍，宅近市者家富。富在术数，不在劳身；利在势居，不在力耕也。”这些城市在战国时期均位于交通要道，交通的便利推动着它们成为当时的天下名都。鸿沟水系对沿线城市经济的发展起到了重要的带动作用。

鸿沟带来的交通便利，推动了各地人口与物资的流动，甚至促进了不同区域风俗的更易。水系的形成也带动了鸿沟沿岸地区的经济繁荣，鸿沟沿岸形成诸多商业都市。如位于济水与菏水交汇处的城市陶、位于丹水和泗水交汇处的彭城等，尤其是陶这座经济、交通型城市的兴起，更说明了鸿沟水系开凿之后所发挥的强大影

战国时期中原地区的水运体系略图

响力。《水经注》云：“济水又东北，迳定陶县故城南，侧城东注也。”又云：“战国之世，范蠡既雪会稽之耻，乃变姓名，寓之于陶，为朱公。以陶天下之中，诸侯四通，货物之所交易也。治产数千金，富好行德，子孙修业，遂致巨万。”相传范蠡功成身退后，改名朱公，定居于陶，故又被称为“陶朱公”，凭借水运通达的地理位置，治产巨万。陶的兴起，可充分印证鸿沟水系巨大的水运价值。

由于鸿沟的开凿及与其他有关水道的联系，在济、汝、淮、泗之间构成了一套水道交通网，而陶又恰好正处在这套水道交通网的中间。所以鸿沟的开凿对于陶来说是锦上添花，自然会使陶愈发繁荣富庶。

鸿沟不仅是条“富贵河”，同时也具有极大的军事价值。魏惠王将都城迁至大梁，虽位于中原，更利于实现魏国霸业，但大梁无险可守，远不如安邑安全。为抵御外侵，魏惠王又在大梁城西部、黄河以南修筑南长城。魏襄王时，原属魏国的河东、河西地区已几乎尽归秦国。《史记》中记载，苏秦曾游说魏襄王：“大王之地，南有鸿沟、陈、汝南、许、郾、昆阳、召陵、舞阳、新都、新郪，东有淮、颍、煮枣、无胥，西有长城之界，北有河外、卷、衍、酸枣，地方千里。”此处提到的长城应当是“魏长城”体系中的“河西长城”，另外有位于鸿沟上游的“河南长城”。魏惠王以大梁城为中心修建水系网，并沿鸿沟修建内陆长城，圃田泽南端又有榆关拦截，加上黄河天险，坚固的防御系统可阻止诸侯入侵大梁。鸿沟水系的军事意义，非常明显地体现在秦灭魏国时的统一战争中。《史记》载：“二十二年（前225），王贲攻魏，引河沟灌大梁，大梁城坏，其王请降，尽取其地。”秦军在大梁城下屯集重兵，强攻数月而不下，面对大梁城无计可施。由于大梁城相对周边地势较低，秦军遂掘开大梁城北边的黄河河道，在鸿沟开挖沟渠，引鸿沟之水灌入大梁城，鸿沟的军事功能不仅能够维持大梁城的军事防御，也会反过来被秦国利用，流量巨大的鸿沟水以摧枯拉朽之势瓦解了大梁城的防御，灭亡了魏国。

小贴士：魏长城

战国时期的长城可分为北长城和南长城两部分，以秦、赵、燕三国修筑的长城为北长城，楚、齐、魏、韩、中山国所修建的长城为南长城。魏长城于魏惠王十九年（前351）初步建成，魏惠王二十年（前350）进一步扩建，主要分为河西长城和河南长城两部分。其中，河南长城由今原阳县经郑州管城，向西南过荥阳、巩义到新密，全长100余千米。河西长城则南起华山朝元洞西，依地势蜿蜒北上，经大荔、澄城、合阳等县，止于韩城以北黄河西岸，长约200千米，一度是战国时秦国与魏国的分界线。魏国修建长城以抵御强秦的进攻，巩固河西之地，保卫国都与大梁。据《史记·秦本纪》记载：“楚、魏与秦接界，魏筑长城，自郑滨洛以北，有上郡。”目前，经过考古发掘的魏国河南长城现存遗址主要位于郑州市境内的管城、荥阳、巩义、新密一带。其中新密段保持较为完好，河西长城主要有华阴洪崖村段、华阴西关堡段、大荔县东高垣村北段等。

魏长城对研究战国时期的魏国与周边诸侯国，如秦、韩等国的战争，提供了重要的考古实物遗迹，是研究中国古代政治、经济、军事、文化的可靠资料和凭证。

位于鸿沟水系交汇处的荥阳，漕运便利，战国时魏文侯曾在荥阳附近设立粮仓，魏国多数粮草尽藏于此，以便于作战时运输粮草；灾荒时，利于及时输送赈灾物资。秦统一六国后，仍在荥阳附近的敖山之上设立粮仓。《水经注》载："济水又东径敖山北，……秦置仓于其中，故亦曰敖仓城也。"敖仓对秦国粮食的供应至关重要，关东地区运往咸阳的漕粮皆储存于此，再由陆运送往秦国各地。秦末，陈胜吴广起义，荥阳敖仓由李由大军镇守，可知其重要性。

鸿沟不仅是历史的见证者，在某种程度上讲，甚至影响了历史发展的进程。楚汉争霸时，项羽与刘邦曾以鸿沟为界。《史记·项羽本纪》载："项王与汉约，中分天下，割鸿沟以西者为汉，鸿沟而东者为楚。”最终，刘邦赢得天下，这也得益于其占据敖仓，粮草充足。西汉时，敖仓继续被使用，政府专门设置敖仓官治理仓务。敖仓的设置依赖于鸿沟水系发达的交通和鸿沟流域富足的粮产，敖仓极强的军事战略价值亦可进一步印证鸿沟水系的重要性。

鸿沟水系的维护与完善

秦、汉大一统国家建立后，为维持对全国各个区域之间的控制与协调，一套效率极高的政令体系被建立起来，这为鸿沟水系的维护和改进提供了稳定的社会环境、丰富的物资和充足的劳动力。

鸿沟上接黄河，其主要水源就是从黄河中引出的，因此，黄河时常泛滥淤积，这也会影响鸿沟。秦汉时期，鸿沟水系依旧发挥着重要作用，对鸿沟的修整与治理成为国家发展水运的要务。后世历朝各代也曾分别对鸿沟进行过疏通、修整、扩建和改道，鸿沟所指的地理范围及地理内涵也随之发生变化。最初，鸿沟指魏国开凿的沟通黄、淮主要水道的人工渠道，随着后代的不断

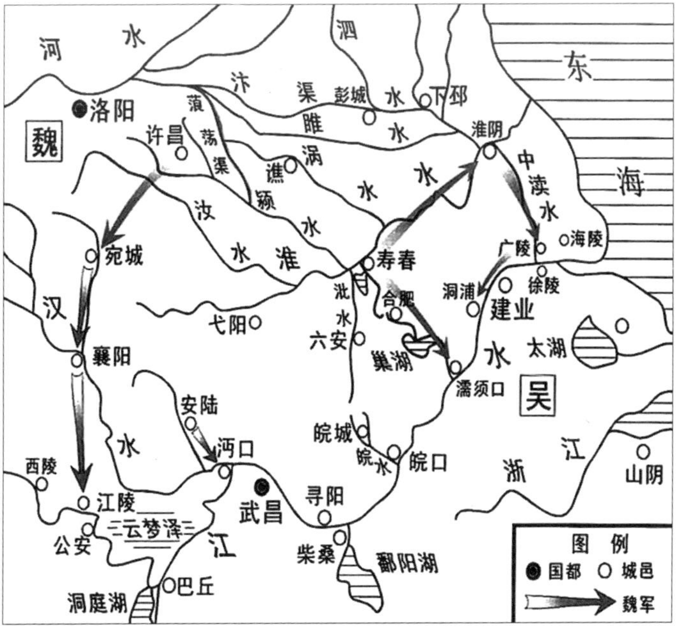

曹魏时期鸿沟示意图

开凿，鸿沟成为黄、淮之间所有人工运河的统称，形成鸿沟水系。各朝代对鸿沟的称呼不尽相同：在汉代，鸿沟曾被称为狼汤渠，又作蒗荡渠；延续至曹魏时期，依然保留了这一名称；隋代，隋炀帝开凿大运河，将其改名为通济渠；唐代被叫作广济渠；宋代又被叫作汴水或汴河。名字虽多变，但这些水道与鸿沟位置基本一致。

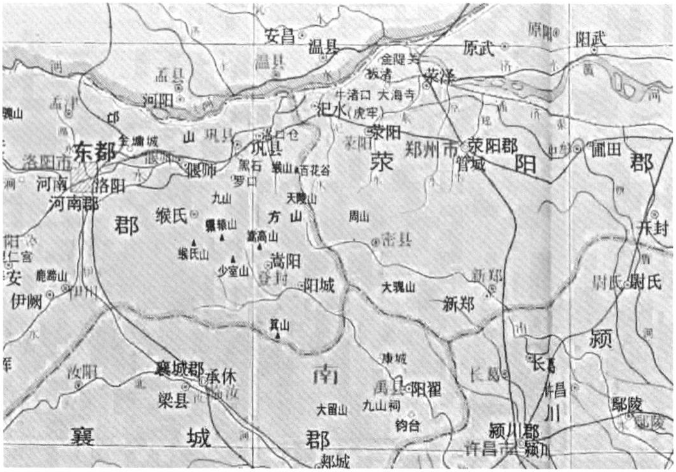

隋代通济渠所在位置图（《中国历史地图集》）

秦国建立后，秦始皇定都关中咸阳，为加强对华北平原的控制，更方便地供应都城咸阳物资，秦始皇十分重视水运漕务，“决通川防”，对鸿沟进行疏通，并开凿灵渠，连接湘水、漓水，沟通长江、珠江两大水系。《越绝书·吴地传》载：“治陵水道到钱塘越地，通浙江”，疏浚江南运河，将南方征集的大批粮食运往北方，并在鸿沟与黄河分流处建造敖仓，作为转运站，从而将秦朝都城咸阳与中原经济区联系起来，保证了关中的物资供应和对中原、南方地区的控制。

秦汉统一国家的建立，为民众社会交往提供稳定的社会环境和丰富的资源，此时运河的经济文化功能逐渐显现，水系通达的鸿沟及与其相连的其他水系，将国家贯通为一体。陆路遥远，长途跋涉，不如水路轻便，水路已逐渐成为各地区居民间进行经济文化交流的重要方式，成为国家发展经济、文化，进行军事防御的重要手段，促进了全国政治、经济、文化的联系和统一。因此，司马迁才会在《史记·河渠书》中对春秋战国时期，以鸿沟水系等为代表的纵横中华大地的运河体系做出了这样的描绘："荥阳下引河东南为鸿沟，以通宋、郑、陈、蔡、曹、卫，与济、汝、淮、泗会；于楚，西方则通渠汉水、云梦之野，东方则通沟江淮之间；于吴，则通渠三江、五湖；于齐，则通淄济之间；于蜀，则蜀守冰凿离碓，辟沫水之害，穿二江成都之中。"这分明是一个沟通关东大平原众多河流的交通网，它将函谷关以东的大半个中国联系在一起，也让原本"老死不相往来"的江、河、淮、济，跨越山川的阻挡而得以联结。

西汉时，鸿沟依旧通航，并由汉王朝中央与地方政府不定期地进行维护。西汉末年至王莽新朝时期，黄河的大规模决溢与改道，导致鸿沟水系泥沙淤积严重，河运受阻。直至东汉，政府才着手治理黄河，疏浚鸿沟。《后汉书》记载，西汉末年，黄河与鸿沟水系决溢，张汜上言主张治理黄河与鸿沟。他认为：“河决积久，日月侵毁，济渠所漂数十许县。修理之费，其功不难。宜改修堤防，以安百姓。”但乐俊认为水患并不严重，且财用不支。他上言道：“昔元光之间，人庶炽盛，缘堤垦殖，而瓠子河决，尚二十余年，不即拥塞。今居家稀少，田地饶广，虽未修理，其患犹可。且新被兵革，方兴役力，劳怨既多，民不堪命。宜须平静，更议其事。”治水之事只能搁置，水患持续六十余年。直至东汉永平十二年（69），黄河水患日久，百姓怨声载道，治水之事再被提起。汉明帝召见当时的治水名臣王景，询问治河方略，王景遂陈明治理黄河水患的各种措施与方针，于是汉明帝命令王景与王吴等修渠筑堤。

两汉之交，鸿沟水患发生的主要原因是黄河泛滥，河水向南侵蚀鸿沟水系的主干水道，其余水道亦大多被黄河带来的淤泥堵塞。王景治河，修筑堤坝，疏通堵塞，成效非常显著，自此之后黄河经历了八百余年的安流局面。

小贴士：王景治河

永平十二年（69）夏天，汉明帝发卒数十万，命王景与王吴共同主持治理黄河、汴渠工程。王景领命后，力排众议，实地考察，制定治河方案，实施河汴分流。《后汉书·王景传》载："自荥阳东至千乘海口千余里。景乃商度地势，凿山阜，破砥绩，直截沟涧，防遏冲要，疏决壅积，十里立一水门，令更相洄注，无复溃漏之患。景虽简省役费，然犹以百亿计。明年夏，渠成。"王景根据地势开凿山阜，修筑堤坝，疏通堵塞的水流，修建水闸，使黄河与鸿沟水系分流，回归故道。通过王景的治理，黄河获得了长期的安澜，鸿沟水系也因为有了稳定的水源，不再受黄河决溢的影响，流域内的水利和漕运事业都得到了恢复。

随着漕运的繁荣，与运河体系相关的法律也得到不断完善。据《漕船志》记载："汉初，命河南以东造舟五百艘，岁漕东方之粟于关中。汉用张良议，漕山东之粟以给中都官，岁不过数十万石。武帝时，用粟渐多，岁始至四百万石，漕法至是浸备矣。"逐渐完备的漕运法规对运输技术、水利利用等方面起到了重要的影响，也反作用于原有的运河水系，使其在不断完备的管理和开发之下呈现出勃勃生机。在漕运制度的影响下，鸿沟水系承担了中原地区与江淮一带沟通的角色，为后世政权描绘了修建运河的蓝本。之后三国时期的曹魏政权在经营黄河以北地区时，开凿了白沟、泉州渠等人工运河，几乎都在不同程度上参考并借鉴了鸿沟水系的开凿和维护。

鸿沟的形成并非一蹴而就，除了战国时期魏惠王主持的这两次开凿之外，自秦汉以至唐宋的后世不同历史时期，都曾对鸿沟水系内的不同水道进行过各种形式的维修和完善。虽然鸿沟水系在秦汉以后的历史中不断变换着名称——鸿沟、官渡水、阴沟、浪荡渠等都是某一历史阶段某段鸿沟的名称——但其沟通南北地区的重要意义却没有丝毫的减弱。

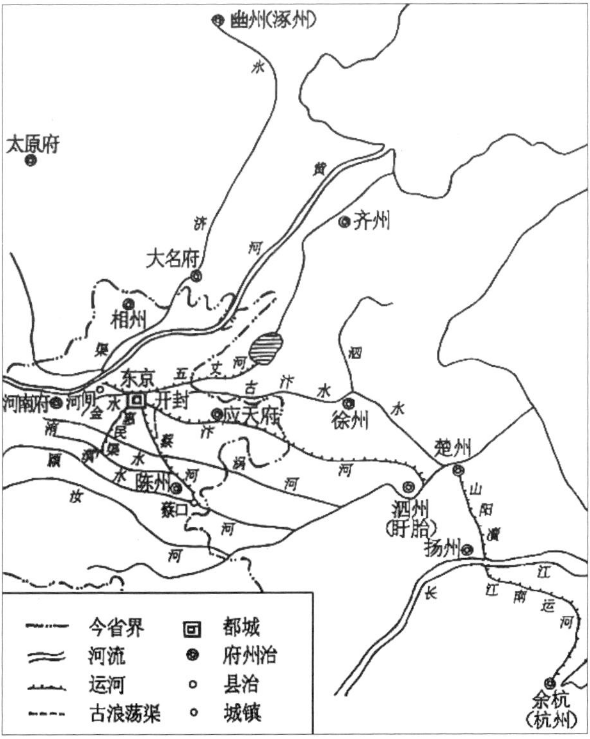

北宋时期鸿沟示意图

北宋时期，构成鸿沟水系主线的汴河，“岁漕江、淮、湖、浙米数百万，乃至东南之乡，百物众室，不可胜计”（《宋史》卷九三《河渠三》），发挥着漕运和通商的重要作用，成为沟通南北之间的重要水利交通网。

第五章　魏罃与鸿沟水系

魏罃的功过与历史评价

魏惠王魏罃作为战国时期魏国的第三代君主，在即位之初所拥有的国家实力还算强盛，各诸侯国之间的形势也比较平和，但魏惠王与其父亲魏武侯都犯下了一个错误，就是一改魏文侯时期的礼贤下士风气，对贤能之士采取了漠视、排斥甚至迫害，大量的贤能之士外流，并成为其他诸侯国的重要人才。其中比较著名的一些人物，如吴起、孙膑、公孙鞅（商鞅）、范雎等，基本上都是战国时期的顶尖英才，却由于魏武侯、魏惠王父子的错误政策而为他国所用，成为魏国发展道路上的障碍，不得不说是治国方略上的巨大失误。

司马迁在《史记·张仪列传》中表达了自己对魏国人才流失的看法，写道：“三晋多权变之士，夫言从衡强秦者大抵皆三晋之人也。”魏国至第三代君主魏惠王时，魏国上下对平民士子人才的重视较之魏初魏文侯振兴魏国时的求贤若渴有天壤之别，致使“治国大才”未能进入当权者的视野，或者说当权者已无鉴别大才与否的兴趣。其实，人才外流是战国时期各诸侯国发展过程中难以避免的现象。魏国的衰落并非单纯因人才外流，而是未能在国家发展过程中对国内外局势做出认真的判断；当秦、齐崛起之后，魏国之所以彻底丧失了生存的机会，是因为魏国上下已经没有魏文侯当年振兴魏国的勇气与精神，魏惠王在位期间虽然试图振兴，但并没有贯彻始终。

魏惠王死后，在下葬时还有一件轶事，出自《战国策·魏策二》，可以反映出魏国在处理各种事务时的原则。魏惠王死，下葬的日子已定。可是当天却下起了大雪，积雪几乎能没到牛眼，城郭的路无法通行，太子准备用木板构筑栈道去送葬。群臣都去谏阻太子，说：“雪下得这么大还要送殡，人民一定叫苦连天。国家开支又恐怕不够，请暂缓时间，改日安葬。”太子说：“做儿子的因为人民辛苦和国家开支不够的缘故，就不按期举行先王的丧礼，这不合礼法。你们不要再说了。”大臣们都不敢再去劝说，犀首请惠施前去劝谏。惠施遂驾着车去见太子，说：“安葬的日期已定了吗？”太子说：“是的。”惠子说：“从前周王季历埋葬在终南山脚下，渗漏出来的水侵蚀了他的坟墓，露出棺材前面的横木。周文王说：‘先王一定是想再看一看各位大臣和百姓，所以才让渗漏的水把棺木露出来吧。’于是就把棺木挖出来，给它搭起灵棚，百姓都来朝见，三天以后才改葬。这是文王的义举啊。现在葬期虽然已定，可是雪下得很大，牛车难以前行，太子为了能按期下葬就不顾困难，这是不是有些急躁？希望太子改个日期。先王一定是想稍微停留一下来扶护国家，安顿人民，所以才让雪下得这么大。据此推迟葬期而另择吉日，这不正是文王般的大义吗？像这样的情况还不改日安葬，想来大概是把效法文王当作羞耻了吧？”太子说：“你说得太对了，那就推迟葬期，另择吉日。”虽然魏国太子最终并没有强行按预定日期将魏惠王下葬，但通过其言行可知，在日常政务的处理方面，魏国君臣主导下的官僚体系是比较生硬的，无疑会导致人才的大量流失。

儒家的“亚圣”孟子，对魏惠王历史形象的定型起到了更为重要的作用。在孟子的笔下，魏惠王多数是以反面的形象出现的。如孟子见魏惠王，魏惠王问：“叟，不远千里而来，亦将有以利吾国乎？”孟子没有直接回答魏惠王的疑问，而是反问说：“未有仁而遗其亲者也，未有义而后其君者也。王亦曰仁义而已矣，何必曰利？”孟子的施政之策是重仁义而不言利，魏惠王却向他请教利国之策，孟子对此并不认同，甚至加以批判。后世流传甚广的“五十步笑百步”的典故，也成为附加在魏惠王身上的标签。

小贴士：五十步笑百步

“五十步笑百步”是一则来源于寓言故事的成语，成语有关典故最早见于《孟子·梁惠王上》。梁惠王曰：“寡人之于国也，尽心焉耳矣。河内凶，则移其民于河东，移其粟于河内。河东凶亦然。察邻国之政，无如寡人之用心者。邻国之民不加少，寡人之民不加多，何也？”孟子对曰：“王好战，请以战喻。填然鼓之，兵刃既接，弃甲曳兵而走。或百步而后止，或五十步而后止。以五十步笑百步，则何如？”曰：“不可，直不百步耳，是亦走也。”“五十步笑百步”本义是作战时后退了五十步的人嘲笑后退了百步的人，后用以比喻错误程度不同，实质却一样。

孟子笔下的魏惠王，是一个刚愎自用，好战嗜杀，不似人君的形象。但在孟子拜访魏惠王时，魏国刚刚经历了马陵之战的损失，对魏惠王来说，如何快速使魏国摆脱战败的阴霾才是最重要的，这种操之过急的行为，使得他想在最短的时间内网罗天下的人才，但在孟子看来，这并不能从根本上解决问题。

对魏惠王的另一个评价，则与他迁都大梁对魏国国运的影响有关。大梁是否是“亡国之都”，其地理区位的优缺点体现在何处？这都是当时的士人们乃至后世史家一直探讨的问题。

“大梁境势不可为都”的说法出自纵横家张仪，目的是让魏国与秦国连横而恐吓魏惠王所说的。清代学者阎若璩在《四书释地》中也说：“魏之失计，未有如都大梁之甚者也。去河山之险而就平衍四达之地，弃文侯、武侯两代之霸迹，而为新造之邦。……故于魏号为梁之日，即谓毕万之后已灭；不待征诸河水，灌王假降之日矣。”当然，这些观点往往是以事后的结局来评价前人的作为。从魏惠王的视角看，为了魏国国祚的延续，从安邑迁都至大梁，也实属不得已；魏惠王迁都当然有软弱妥协的问题，但后世对大梁和魏国命运的评价，很显然也都颇有以成败而论的倾向。

魏惠王迁都大梁，虽然并不能真正避免魏国最终被灭亡的命运，但为了大梁的可持续发展，通过鸿沟水系的开凿，却在客观上为后世各个大一统王朝的维持提供了重要条件。鸿沟运河的开通不仅改变了黄淮地区的水运格局，而且也给战国乃至秦汉时期的政治、经济、文化等格局带来深刻的影响。滚滚鸿沟水不舍昼夜向前流，在相当长历史时期一直扮演着中原腹地黄淮间水上交通大动脉的角色，而且在鸿沟沿线卷起了浓浓的历史风烟，这无疑也是魏惠王留给世人的另外一种历史遗产。

“楚河汉界”——以鸿沟为界

公元前225年，秦将王贲攻魏时，以水代兵，引鸿沟之水灌大梁城，三个月后，大梁城破，一代锦绣名都在汪洋中化为废墟。秦末楚汉相争，曾以鸿沟为“楚河汉界”。公元前205年夏，楚霸王项羽在彭城（今江苏徐州）打败汉王刘邦，刘邦退至荥阳。此后，楚汉两军在荥阳成皋一带以鸿沟为界，各筑营垒，互相攻伐，打了四年，谁也吃不掉谁。《史记·项羽本纪》载：“项王乃与汉约，中分天下，割鸿沟以西者为汉，鸿沟而东者为楚。”如今，在河南省荥阳市城东北的广武山上，还留有两座遥遥相对的古城遗址，西边的叫汉王城，东边的叫霸王城，两城中间横亘着一条宽约300米的大沟，即鸿沟上游的一段。

后来，鸿沟借指疆土的分界或事物间的界线，如中国象棋的棋盘中央，横亘着一条大河，中书“楚河汉界”四个大字，成为黑子与红子对垒的分界线。当时，由于楚汉两国对峙，作为边界的鸿沟局势异常紧张，没有人敢轻易越过边境，就出现了鸿沟不可逾越的说法。现在，历史上那条恢宏壮阔的鸿沟早已不复其原貌，鸿沟水系绝大部分的河道早已湮废，成为历史的遗迹，但这个词已经被赋予“不可跨越的阻碍”的意思并流传开来。之后，“鸿沟”的寓意更加丰富，又引申为两个阵营或两个人在思想上有分歧、价值观上有差距，如判若鸿沟等。魏惠王时期开凿的鸿沟水系，以一种符号的形式融入了中华文化，集中体现了中华文明的连续性、包容性、创造性，展现了先民们修筑运河时不屈不挠、团结奋斗、勇敢拼搏、勇于创新的伟大精神，时至今日，

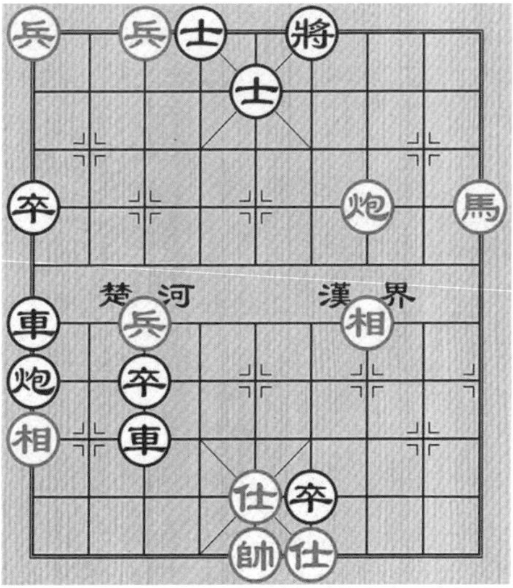

象棋棋盘布局上的“楚河汉界”

仍旧熠熠生辉，真正成为中国历史上一条“运载千秋”的文化长河。

大变革背景下的魏罃与鸿沟水系

魏惠王魏罃生活的时期，发生了“礼乐征伐自天子出”到“礼乐征伐自霸主出”甚至“礼乐征伐自大夫出”的转变，并出现了小宗对大宗、旁支对正宗的夺权，如曲沃代翼、三家分晋、田氏代齐。春秋五霸、战国七雄成为秩序的维护者，填补了周天子的权力真空。

尤为重要的是，春秋与战国时期的战争特征也发生了明显的变化。战国时期具有封建兼并战争的性质，是新兴封建地主阶级以扩充自身实力为目的发动的战争，而春秋争霸仅是奴隶主大国的争霸战争。战国时期的兼并战争不论是从规模还是惨烈程度上看，都超过春秋时期，给当时广大人民带了深重的灾难，诸侯间的争霸和兼并战争，使诸侯国数目减少，各民族逐步融合，统一国家趋势明显增强。这也带来了文化上的百家争鸣，作为一定时期的政治、经济的反映，春秋战国时期的文化事业获得了相对自由的发展空间，反过来推动了科学技术的进步、社会的变革。

在此种剧烈的政治变动与社会变动的背景下，为更好地在复杂的时代中生存并发展下去，各国诸侯纷纷进行政治经济军事方面的全面改革，对外谋求兼并战争的胜利，对内提高君权，稳定国内政治，新的封建制度终于建立起来。春秋战国时期各诸侯国的经济发展，也发生了质的飞跃，铁器的使用和牛耕的推广，标志着社会生产力的显著提高。中国的封建经济得到了进一步发展，尤其中原地区的成就更为突出，为了满足生产力的迅速发展并在兼并战争中取胜，各诸侯国不断投入大量的人力物力，进行大型水利工程的建设。总之，春秋战国时期，旧制度、旧统治秩序被破坏，新制度、新统治秩序在确立，新的阶级力量在壮大。这也是魏国能够在这一历史时期获得发展，并成为战国七雄之一的重要背景，魏惠王在位时期则是魏国历史上最关键的时期。

魏国源于晋国，自魏文侯立国至秦灭魏国，历时170余年，经历9位君主。作为中原地区战国初年最强大的诸侯国，魏国为后世留下了非常丰厚的历史遗产。

魏国是战国时期各国进行封建制度改革的策源地，楚国的吴起、秦国的商鞅都直接参与过魏国的李悝主持的变法活动；同时魏国最早任用布衣卿相，催发了战国客卿制度的产生。李悝提出的“平籴法”，是我国历代封建社会调剂粮食措施的蓝本和国策。魏绛的“和戎”之策，以及他提出的“以德绥戎，师徒不勤，甲兵不顿”，是我国处理汉族与少数民族关系的第一部政策性文件，对我国后世有重大的影响。

但是，从整个历史进程来看，魏国的国运一路高开低走。开国君主魏文侯礼贤下士，招揽人才，任用李悝、吴起，为魏国积累了雄厚的军事力量和人才。魏武侯野心有余，谋略不足。到了魏惠王时期，由于他不如其祖父知人善用，使魏国流失大量人才，为魏国埋下了亡国的隐患。

魏惠王作为魏国历史上非常关键的一位君主，虽然在政治、军事等各个方面都不是特别出色，他在位期间最重要的贡献反映在工程建设领域——迁都大梁、修建鸿沟水系，这些举措不仅造福当世，更是恩泽后代。魏惠王修建的大梁位于鸿沟水系中央，水道畅达，不仅促进了魏国的经济发展，同时奠定了开封古城作为八朝古都的基础。魏惠王开凿的鸿沟水系沿用至秦汉，后世历朝历代皆在鸿沟水系基础之上营建水道，发展水运。鸿沟水系将沿线各地连接成一个整体，打破了古代不同地域隔绝的状态，加强了各地的人员流动、沟通交往，使各地政治、经济、文化逐渐连成一体，促使大一统国家的诞生。如今，鸿沟水系的故道虽然已湮灭于历史长河，但它确确实实曾经见证过历史，甚至曾改变历史的进程。作为将鸿沟水系最早建立起来的魏国第三代君主魏惠王魏罃，在整个大运河历史上的作用与影响，都是不可磨灭的。

参考文献

1.范祥雍：《古本竹书纪年辑校订补》，上海：上海古籍出版社，2011 年。

2.方诗铭、王修龄：《古本竹书纪年辑证》，上海：上海古籍出版社，2005 年。

3.〔汉〕司马迁：《史记》，北京：中华书局，1957 年。

4.〔东汉〕班固、〔唐〕颜师古注：《汉书》，北京：中华书局，1983 年。

5.杨伯峻：《春秋左传注》，北京：中华书局，1981 年。

6.〔清〕顾祖禹：《读史方舆纪要》，北京：中华书局，2005 年。

7.陈桥驿校证：《水经注校证》，北京：中华书局，2007 年。

8.刘向编订：《战国策》，上海：上海古籍出版社，1985 年。

9.金良年：《孟子译注》，上海：上海古籍出版社，2004 年。

10.陈奇猷：《吕氏春秋校释》，北京：中华书局，1982 年。

11.李玉洁：《魏国史》，北京：科学出版社，2017 年。

12.杨宽：《战国史》，上海：上海人民出版社，1998 年。

13.陈桥驿：《中国运河开发史》，北京：中华书局，2008 年。

14.陈隆文：《郑州历史地理研究》，北京：中国社会科学出版社，2011 年。

15.史念海：《论济水和鸿沟（下）》，《陕西师大学报（哲学社会科学版）》1982 年第 3 期。

16.刘德岑：《先秦时代运河沿革初探（续完）》，《西南师范大学学报（人文社会科学版）》1980 年第 3 期。

17.丘刚：《启（开）封故城的兴废与勘探》，《史学月刊》1992 年第 2 期。

18.陈隆文：《邗沟、菏水与鸿沟——兼论黄河与长江两大流域水运的沟通》，《淮阴工学院学报》2012 年第 4 期。

19.沈长云:《“九州”初谊及“禹划九州”说产生的历史背景》，《西华师范大学学报（哲学社会科学版）》2019 年第 1 期。

20.吉家友：《魏惠王以后地缘政治变化与魏国战略策略得失之探析》，《军事历史研究》2006 年第 1 期。

21.黄富成、王星光：《先秦到秦汉“圃田泽”环境变迁与文化地理关系考略》，《农业考古》2014 年第 1 期。